Drei geheimnisvolle Märchen

Hänsel und Gretel, Der goldene Vogel und Der Eisenhans mit Kommentaren

Peter Bernhard

(Herausgeber)

Inhaltsverzeichnis:

Vorwort

Einleitung

Hänsel und Gretel 10

Der Goldene Vogel 26

Der Eisenhans 48

Vielen Dank für den Kauf dieses Buches! Ich hoffe, es wird dir neue Türen öffnen! Ich bin Peter, Schriftsteller, und Lebens-Coach und helfe Menschen wie bei sich an zu kommen, sich von alten Fesseln zu lösen und ein neues Leben zu beginnen. Meine Klientin I. schreibt: *„Ich komme aus einer strickt-religiösen Gemeinschaft, die in der Sowjetunion verfolgt wurde. Beide Eltern saßen mir im Nacken. Ich spürte deren Vorwürfe, weil ich es gewagt hatte ein unabhängiges Leben zu leben. Peter konnte mich von der Besetzung durch beide Eltern befreien und auch von dem Rest der Gemeinde, deren Geist mich noch immer gefangen hielt in der Schuld. **Nun können Licht, Liebe und Vergebung durch meinen Körper und Seele fließen** und ich kann mein Leben genießen."*

Lass dir diese Gelegenheit nicht entgehen und melde ich zu einem freien Kennenlerngespräche hier an: Peterbernhard.net und https://calendly.com/peterbernhard/1-1-meeting.

✦*Hole dir diese Video-Kurse um dein Leben zu verbessern:
https://peterbernhard.net/tarot-kurs-bereit-fuer-die-liebe-teil-1/ (:5€)

https://peterbernhard.wordpress.com/diese-12-engel-werden-dein-leben-verandern/ (3€)

Vorwort

Wenn ich an Märchen denke, dann erinnere ich mich an eine alte Tante, die mir diese vorlas bis sie blind war und auch danach weiter die Märchen erzählte. Dies geschah im Haus meiner Großeltern und zum Schluss auch in ihrem Haus. Meine Liebe zu Geschichten kommt aus dieser Zeit. Ich dachte nicht viel über ihre Bedeutung nach, aber ich fand sie spannend und geheimnisvoll. Und es war schön auf diese Art und Weise Zeit mit jener geliebten Tante zu verbringen. Märchen haben schon immer Menschen zusammengebracht, und das ist es wohl, was wir an ihnen lieben. Darüber hinaus scheint deren Bedeutung von zweitrangiger Bedeutung zu sein. Aber vielleicht öffnen sich uns diese alten Geschichten noch einmal neu, wenn wir uns klarmachen, was sie eigentlich sagen wollen. Es sind Botschaften, die bis in die tiefsten Grund unserer Seele hinabreichen. Indem sie uns von Angst befreien, können sie in jenen Tiefen lösend und erlösend wirken. Dann geschehen viele Dinge. Unser ganzes Sein löst sich von Verkrampfungen. Auch können wir unsere Erinnerungen an die Kindheit auffrischen und die Verbindung mit den Ahnen heilen, deren Stimmen so lange ungehört blieben.

Einführung

Märchen enthalten die Weisheit der Völker. Es waren keine Schriftsteller, sondern Erzähler die Erinnerungen, Träume, Eingebungen und Gerüchte immer wieder erzählten, bis daraus heilige Geschichten, Weisheitserzählungen und Märchen geworden waren. Dabei hat ihnen eine geheimnisvolle innere Weisheit während des Zusammenseins am Herdfeuer beim Erzählen geholfen. Dieser Geist, an dem wir alle Anteil haben, weiß viel über das menschliche Schicksal. C.G.Jung nannte ihn das *Kollektive Unbewusste*. Wir können ihn auch das *kollektive Überbewusste* oder den *Einen Geist* nennen. Diese innere Instanz war dafür verantwortlich, dass Märchen aus allen Teilen der Welt ähnliche Aussagen treffen und ähnliche Überraschungen bereithalten. Zum Beispiel wird immer wieder der kleinste Bruder zum Befreier aller oder dass Gehorsam gegenüber der inneren Weisheit notwendig ist, um die scheinbar unlösbaren Herausforderungen des Lebens zu bestehen. Dieser Geist gab den Erzählern eines Dorfes oder Stammes Träume, Gedanken und Eingebungen ein. Mit Hilfe dieser Inspirationen bauten diese aus wirklichen Erinnerungen Märchen, die für alle Zeiten Bedeutung haben. Diese Geschichten enthielten Archetypen, die unser Leben manchmal aus dem unerkannten Schatten heraus stören und uns ein andermal zu jenem Leben anspornen, zu dem wir eigentlich bestimmt sind. Die besten Filme und Erzählungen der heutigen Zeit folgen noch immer dem Schema, das die Märchen der Ahnen als eine Art Blaupause in unser Bewusstsein pflanzten. Diesen Märchen in ihrer ursprünglichen Form zuzuhören, kann uns verzaubern und alte Erinnerungen wecken, die über viele Leben in die Vergangenheit reichen. Sie können uns Trost spenden und uns daran erinnern, dass wir noch immer von unsichtbaren Händen gehalten und geführt werden und dass es darum nichts zu fürchten gibt. Warum nenne ich diese Geschichten hier eigentlich „Gnostische Märchen"? Gnostisch heißt hier, dass die Reise des Helden immer dem Schema der Gnosis folgt, das so gut in der „Geschichte vom verlorenen Sohn" von Jesus oder „Der unendlichen Geschichte"(Lk.15,11–32) von Michael Ende beschrieben wird. Der Held taucht in eine fremde Welt ein, vergisst sein Herkunft und Identität und erkämpft sich schließlich den Weg zurück nach Hause. Dieser Mythos wird auch im katholischen Erlösungsmythos von Jesus nacherzählt oder in den Geschichten von König Arthur, von Odysseus, in der „Matrix" und usf..

Fangen wir mit einem bekannten Märchen an, das uns gleich in die ganze Tiefe des menschlichen Daseins auf dieser Erde führt.

Hänsel und Gretel

Vor einem großen Walde wohnte ein armer Holzhacker mit seiner Frau und seinen zwei Kindern; das Bübchen hieß Hänsel und das Mädchen Gretel. Er hatte wenig zu beißen und zu brechen, und einmal, als große Teuerung ins Land kam, konnte er das tägliche Brot nicht mehr schaffen. Wie er sich nun abends im Bette Gedanken machte und sich vor Sorgen herumwälzte, seufzte er und sprach zu seiner Frau: "Was soll aus uns werden? Wie können wir unsere armen Kinder ernähren da wir für uns selbst nichts mehr haben?" - "Weißt du was, Mann," antwortete die Frau, "wir wollen morgen in aller Frühe die Kinder hinaus in den Wald führen, wo er am dicksten ist. Da machen wir ihnen ein Feuer an und geben jedem noch ein Stückchen Brot, dann gehen wir an unsere Arbeit und lassen sie allein. Sie finden den Weg nicht wieder nach Haus, und wir sind sie los." - "Nein, Frau," sagte der Mann, "das tue ich nicht; wie sollt ich's übers Herz bringen, meine Kinder im Walde allein zu lassen! Die wilden Tiere würden bald kommen und sie zerreißen." - "Oh, du Narr," sagte sie, "dann müssen wir alle viere Hungers sterben, du kannst nur die Bretter für die Särge hobeln," und ließ ihm keine Ruhe, bis er einwilligte. "Aber die armen Kinder dauern mich doch," sagte der Mann.

Die zwei Kinder hatten vor Hunger auch nicht einschlafen können und hatten gehört, was die Stiefmutter zum Vater gesagt hatte. Gretel weinte bittere Tränen und sprach zu Hänsel: "Nun ist's um uns geschehen." - "Still, Gretel," sprach Hänsel, "gräme dich nicht, ich will uns schon helfen." Und als die Alten eingeschlafen waren, stand er auf, zog sein Röcklein an, machte die Untertüre auf und schlich sich hinaus.

Da schien der Mond ganz hell, und die weißen Kieselsteine, die vor dem Haus lagen, glänzten wie lauter Batzen. Hänsel bückte sich und steckte so viele in sein Rocktäschlein, als nur hinein wollten. Dann ging er wieder zurück, sprach zu Gretel: "Sei getrost, liebes Schwesterchen, und schlaf nur ruhig ein, Gott wird uns nicht verlassen," und legte sich wieder in sein Bett.

Als der Tag anbrach, noch ehe die Sonne aufgegangen war, kam schon die Frau und weckte die beiden Kinder: "Steht auf, ihr Faulenzer, wir wollen in den Wald gehen und Holz holen." Dann gab sie jedem ein Stückchen Brot und sprach: "Da habt ihr etwas für den Mittag, aber eßt's nicht vorher auf, weiter kriegt ihr nichts." Gretel nahm das Brot unter die Schürze, weil Hänsel die Steine in der Tasche hatte. Danach machten sie sich alle zusammen auf den Weg nach dem Wald. Als sie ein Weilchen gegangen waren, stand Hänsel still und guckte nach dem Haus zurück und tat das wieder und immer wieder. Der Vater sprach: "Hänsel, was guckst du da und bleibst zurück, hab acht und vergiß deine Beine nicht!" - "Ach, Vater," sagte Hänsel, "ich sehe nach meinem weißen Kätzchen, das sitzt oben auf dem Dach und will mir

Ade sagen." Die Frau sprach: "Narr, das ist dein Kätzchen nicht, das ist die Morgensonne, die auf den Schornstein scheint." Hänsel aber hatte nicht nach dem Kätzchen gesehen, sondern immer einen von den blanken Kieselsteinen aus seiner Tasche auf den Weg geworfen.

Als sie mitten in den Wald gekommen waren, sprach der Vater: "Nun sammelt Holz, ihr Kinder, ich will ein Feuer anmachen, damit ihr nicht friert." Hänsel und Gretel trugen Reisig zusammen, einen kleinen Berg hoch. Das Reisig ward angezündet, und als die Flamme recht hoch brannte, sagte die Frau: "Nun legt euch ans Feuer, ihr Kinder, und ruht euch aus, wir gehen in den Wald und hauen Holz. Wenn wir fertig sind, kommen wir wieder und holen euch ab."

Hänsel und Gretel saßen um das Feuer, und als der Mittag kam, aß jedes sein Stücklein Brot. Und weil sie die Schläge der Holzaxt hörten, so glaubten sie, ihr Vater wär' in der Nähe. Es war aber nicht die Holzaxt, es war ein Ast, den er an einen dürren Baum gebunden hatte und den der Wind hin und her schlug. Und als sie so lange gesessen hatten, fielen ihnen die Augen vor Müdigkeit zu, und sie schliefen fest ein. Als sie *endlich erwachten, war es schon finstere Nacht. Gretel fing an zu weinen und sprach: "Wie sollen wir nun aus dem Wald kommen?" Hänsel aber tröstete sie: "Wart nur ein Weilchen, bis der Mond aufgegangen ist, dann wollen wir den Weg schon finden." Und als der volle Mond aufgestiegen war, so nahm Hänsel sein Schwesterchen an der Hand und ging den Kieselsteinen nach, die schimmerten wie neugeschlagene Batzen und zeigten ihnen den Weg. Sie gingen die ganze Nacht hindurch und kamen bei anbrechendem Tag wieder zu ihres Vaters Haus. Sie klopften an die Tür, und als die Frau aufmachte und sah, daß es Hänsel und Gretel waren, sprach sie: "Ihr bösen Kinder, was habt ihr so lange im Walde geschlafen, wir haben geglaubt, ihr wollet gar nicht wiederkommen." Der Vater aber freute sich, denn es war ihm zu Herzen gegangen, daß er sie so allein zurückgelassen hatte.*

Nicht lange danach war wieder Not in allen Ecken, und die Kinder hörten, wie die Mutter nachts im Bette zu dem Vater sprach: "Alles ist wieder aufgezehrt, wir haben noch einen halben Laib Brot, hernach hat das Lied ein Ende. Die Kinder müssen fort, wir wollen sie tiefer in den Wald hineinführen, damit sie den Weg nicht wieder herausfinden; es ist sonst keine Rettung für uns." Dem Mann fiel's schwer aufs Herz, und er dachte: Es wäre besser, daß du den letzten Bissen mit deinen Kindern teiltest. Aber die Frau hörte auf nichts, was er sagte, schalt ihn und machte ihm Vorwürfe. Wer A sagt, muß B sagen, und weil er das erstemal nachgegeben hatte, so mußte er es auch zum zweitenmal.

Die Kinder waren aber noch wach gewesen und hatten das Gespräch mitangehört. Als die Alten schliefen, stand Hänsel wieder auf, wollte hinaus und die Kieselsteine auflesen, wie das vorigemal; aber die Frau hatte die Tür verschlossen, und Hänsel konnte nicht heraus. Aber er tröstete sein Schwesterchen und sprach: "Weine nicht, Gretel, und schlaf nur ruhig, der liebe Gott wird uns schon helfen."

Am frühen Morgen kam die Frau und holte die Kinder aus dem Bette. Sie erhielten ihr Stückchen Brot, das war aber noch kleiner als das vorigemal. Auf dem Wege nach dem Wald bröckelte es Hänsel in der Tasche, stand oft still und warf ein Bröcklein auf die Erde. "Hänsel, was stehst du und guckst dich um?" sagte der Vater, "geh deiner Wege!" - "Ich sehe nach meinem Täubchen, das sitzt auf dem Dache und will mir Ade sagen," antwortete Hänsel. "Narr," sagte die Frau, "das ist dein Täubchen nicht, das ist die Morgensonne, die auf den Schornstein oben scheint." Hänsel aber warf nach und nach alle Bröcklein auf den Weg.

Die Frau führte die Kinder noch tiefer in den Wald, wo sie ihr Lebtag noch nicht gewesen waren. Da ward wieder ein großes Feuer angemacht, und die Mutter sagte: "Bleibt nur da sitzen, ihr Kinder, und wenn ihr müde seid, könnt ihr ein wenig schlafen. Wir gehen in den Wald und hauen Holz, und abends, wenn wir fertig sind, kommen wir und holen euch ab." Als es Mittag war, teilte Gretel ihr Brot mit Hänsel, der sein Stück auf den Weg gestreut hatte. Dann schliefen sie ein, und der Abend verging; aber niemand kam zu den armen Kindern. Sie erwachten erst in der finstern Nacht, und Hänsel tröstete sein Schwesterchen und sagte: "Wart nur, Gretel, bis der Mond aufgeht, dann werden wir die Brotbröcklein sehen, die ich ausgestreut habe, die zeigen uns den Weg nach Haus." Als der Mond kam, machten sie sich auf, aber sie fanden kein Bröcklein mehr, denn die viel tausend Vögel, die im Walde und im Felde umherfliegen, die *hatten sie weggepickt. Hänsel sagte zu Gretel: "Wir werden den Weg schon finden." Aber sie fanden ihn nicht. Sie gingen die ganze Nacht und noch einen Tag von Morgen bis Abend, aber sie kamen aus dem Wald nicht heraus und waren so hungrig, denn sie hatten nichts als die paar Beeren, die auf der Erde standen. Und weil sie so müde waren, daß die Beine sie nicht mehr tragen wollten, so legten sie sich unter einen Baum und schliefen ein.*

Die Geschichte von Hänsel und Gretel handelt davon, wie die Menschen sich im Labyrinth der Welt verlieren. Und eine Frage, die sie zu beantworten sucht, ist diese: Wie können wir uns aus der scheinbar unentrinnbaren Gefangenschaft unserer Leidenschaften und Süchte, ja aus der Welt von Raum und Zeit befreien? Das Märchen folgt demselben Schema wie viele Erlösungsgeschichten es besitzen, wie z. B. die biblische Geschichte *Vom verlorenen Sohn*(Lk.15), Michael Endes *Unendlicher Geschichte* und das *Lied von der Perle*. Die Geschichte fängt mit einer Hungersnot an. Dies ist eine dramatische Beschreibung der Welt, in der wir leben. Die Eltern der zwei Geschwister beschließen, die Kinder im Wald auszusetzen, damit sie, die Eltern, überleben können. Das allein zeigt auf, welche Nöte die Ahnen kannten, die sich dieses Märchen erzählten. Sie wussten, dass etwas falsch gelaufen war in der Welt. Denn die Welt ist nicht gleichzusetzen mit dem Haus der Eltern, das für unsere wirkliche Heimat steht. Es ist eigentlich das Haus des Vaters, von dem aus die Kinder aufbrechen. Die *Frau*, Mutter und spätere Stiefmutter, ist ein Störenfried, ein Eindringling. Sie stößt einen Keil zwischen den Vater und seine Kinder und scheint das Alter Ego der Hexe zu sein. Beide sind durchdrungen von Boshaftigkeit.

Und diese wird als ein Ort beschrieben, in dem sich die Seelen verirren.

Obwohl es die Kinder noch einmal zurückschaffen, landen sie am Ende doch tief im Wald, weil die Vögel Hänsels Brotkrumen weggepickt haben. Wer weiß an welche Ereignisse dieses Märchen wirklich erinnert? Diese Erinnerungen können ein paar hundert Jahre alt sein. Es war in den alten Wäldern für Kinder leicht sich zu verirren, und fast jeder hatte es schon einmal erlebt. Wer schickte die Kinder in den Wald? Es ist die Mutter oder Stiefmutter. Sie steht für die Erde, der Vater für den Himmel. Der Wald stellt in diesem Märchen den Geist den, in dem dies alles geschieht. Ja, dieses ganze riesige Universum, das wir nachts sehen, wenn wir zu den Sternen aufblicken. Das ist alles in uns. Alle Dinge scheinen hier voneinander getrennt zu sein, was uns in einer weiten Leere zurücklässt. Es braucht Millionen Lichtjahre, um von einer Galaxie zu einer anderen zu gelangen. Wenn wir von der Schöpfung reden, wird uns erzählt, dass alles mit dem Urknall anfing. Aus der Perspektive der weisen Alten ist eher das Gegenteil der Fall. Sie glaubten an einen ursprünglichen paradiesischen Zustand. Etwas das in der Ewigkeit besteht und alle Wesen in sich birgt. Diesen Urzustand nannten sie *die wirkliche Heimat*. Der Urknall oder die „Erschaffung der Welt" durch einen Geist niederer Ordnung bewirkte den Verlust dieser Einheit. Die Zeit des Hungers in unserem Märchen deutet auf diesen Verlust hin. Der Hunger der Familie und das Ausgesetzt werden der Kinder sind die Folge dieses Falls aus der Einheit. In der Bibel ist es das Essen der Frucht vom Baum der Erkenntnis des Guten und des Bösen, das die Einheit des Paradieses zerstört. Bei Jesus und seiner Geschichte vom verlorenen Sohn ist es die Abkehr vom Vater und das Verprassen des Erbes in den

Spelunken der Welt. Das brachte den Sohn schließlich auf seine Knie, als er mit Schweinen ums Essen kämpfen musste. Wir alle kennen diese Augenblicke der Verzweiflung. Oft haben wir sie verursacht, noch öfter sind wir einfach ein Opfer der Umstände geworden. Im Grunde ist das Getrenntsein unser Lebensgefühl. Wenn wir ehrlich sind, fühlen wir uns oft ausgesetzt und verloren. *Geworfen ins Sein*, hat es Martin Heidegger mal beschrieben. Dieses grundlegende Leid in der Welt fühlen wir vor allem dann, wenn etwas Unerwartetes geschieht, das uns aus der Bahn wirft. So ergeht es auch Hänsel und Gretel im Wald.

Die Welt ist verlockend und beängstigend zugleich. War es Gottes Idee, sie zu machen oder unsere eigene? Darüber gehen die Meinungen auseinander. Vielleicht war sie als eine harmlose Halluzination zum Zeitvertreib gedacht, als eine dreidimensionale Animation. Oder die Welt wurde entworfen, um das Unendliche sichtbar und berührbar zu machen. Dann wäre sie ein einzigartiges Geschenk. Aber haben wir uns schon wirklich berühren lassen? Vielleicht können wir erst dann in andere Welten weiterreisen, wenn wir dieses Geschenk ganz angenommen haben. Wie auch immer, wir haben unsere wahre Heimat vergessen.

Das Symbol für die Welt ist das Hexenhaus. Es macht deutlich in welcher Art von Heim wir leben. Die Tatsache, dass das Haus voller Zucker ist, deutet auf die Verlockungen der Welt hin. In Genesis steht (1. Buch Mose), dass die Söhne der Götter auf die Erde hinabkamen, um den Töchter der Menschen beizuwohnen. Es zeigt auch, dass die Kinder von selbst dorthin gelaufen sind, um sich den Magen vollzuschlagen. Anstatt zurückzukehren, um nachzuschauen, ob ihr Vaterhaus tatsächlich verschlossen ist, laufen sie zur Hexe. Sie haben sie nicht als das erkannt was sie ist: Eine Göttin des Todes. Zuerst scheint diese Welt ein toller Ersatz für den Himmel zu sein. Ist denn die Erfahrung der Welt nicht so anders als die Ewigkeit und so vergleichsweise kurz, dass wir ruhig ein paar Jahrtausende hier verweilen sollten? Wer den Himmel verlassen hat, der eigentlich unsere Heimat ist, fängt an ihn zu fürchten. Die Geschichte der Paradiesvertreibung von Adam und Eva beschreibt dies auf unnachahmliche Weise. Es waren danach nicht die Menschen, die den Himmel fortwarfen, sondern Gott selbst, der sie hinaustrieb. Aber das würde Gott niemals tun. Wie die Kinder Hänsel und Gretel in Wirklichkeit ganz freiwillig von zu Hause fortliefen, so sind es auch wir, die dem Vater den Rücken kehrten. Gott heißt uns in jedem Augenblick willkommen. Müssen wir dafür sterben? Nein, der Himmel ist immer hier, mitten im Leben, wie das Märchen es mit Bildern erklärt.

Es ist auffallend wie das Märchen die Welt beschreibt. Von außen voller Zucker, Verheißungen und Versprechungen, aber drinnen voll Mühe, Unterdrückung und Kampf. Alles darin endet im Tod. Man fühlt sich an den jungen Prinzen Siddhartha erinnert, dem zukünftigen Buddha, der von seinem Vater von der Welt ferngehalten wurde, um ihm eine heile Welt vorzuspielen. Sobald dieser jedoch dem Palast mit seinen schönen jungen Menschen und labenden Speisen, seinen Hainen und Springbrunnen entkommen war, brauchte er nicht lange um in einer Seitengasse das Elend des menschlichen Verfalls zu sehen und damit zu erkennen, dass er gekommen ist, um für diese Bedrohung des Lebens eine Lösung zu finden. So auch die Kinder. Sie haben das Vaterhaus verlassen, weil der Zucker sie angezogen hat wie Bienen. Aber was sehen sie, beim Eintreten in diesen Raum? Die alles verschlingende Zeit. Das Hexenhaus ist nicht nur ein perfektes Bild für die Welt, sondern auch für den Körper. Der Körper scheint uns am Anfang viel zu versprechen, Vergnügen, Abenteuer, Auseinandersetzung, Selbstbestätigung und eine kleine private Welt. Der Körper begrenzt uns aber auch, wie es Zeit und Raum tun.

Die Hexe steht für diesen tötenden Aspekt der Zeit. Das Feuer ist dagegen ein Symbol für die befreiende Intensität der Gegenwart, die die Hexe, die Zeit, fressen muss, wenn die Kinder wieder frei sein sollen. Aber wir tun alles, um diesem Feuer auszuweichen. Wir machen uns lieber zu Sklaven der Vergänglichkeit. Wir versuchen unsere Körper zu verbessern, investieren aber nicht in den Geist, der uns am Ende allein retten kann. Die Hexe ist das Alter Ego von Kronos, dem Gott der Zeit und des Todes, der seine Kinder verschlingt. Wir modernen Menschen wollen nicht mehr an den Tod denken. Wir lenken uns ab, um nicht in diese innere Leere zu fallen und zu erkennen, was darunterliegt. Wir fürchten die Gegenwart des Lebens selbst.

Wir haben gesagt, dass dieses Märchen eine Geschichte des Entkommens ist. Es braucht uns nicht zu erklären, dass wir in dieser Welt gefangen sind. Das wissen wir schon. Wenn wir den Grund der Gefangenschaft erkennen, können wir auch eine Medizin finden. Weshalb kleben wir in dieser Welt fest, Leben für Leben? Des Zuckers wegen, der für alle unsere Leidenschaften, Süchte und Sünden steht. Die Frage ist nun, wie wir diesen Süchten entkommen können, ohne auf den Tod warten zu müssen, wie es die Kirche lehrt? Schafft es also das Märchen die tiefe Wahrheit der Befreiung durch die Kontrolle der Aufmerksamkeit an der Kirche vorbei zu den Leuten zu bringen, und das für ein ganzes Zeitalter? Ja und nein. Die Sache hat einen Haken. Wir müssen den Pfad schon kennen, bevor wir ihn auch im Märchen erkennen können. Es war also notwendig, jemanden in der Nähe zu haben, der dies Geschichte auslegen konnte. Wir wissen nichts über solche Berater. Vielleicht hat es sie vereinzelt gegeben, wenn jemand durch innere Eingebungen zur wahren Bedeutung vorstieß, vielleicht gab es auch Bruderschaften, die den Leuten heilige Weisheiten nahebrachten. In Italien, England, Schottland und Frankreich gab es solche Geheimbünde ganz sicher. Allerdings kümmerten sie sich nicht um die Nichteingeweihten.

Gretel muss schwer arbeiten und Hänsel sitzt im Käfig und wird gemästet. Die Hexe kontrolliert seinen Finger, denn wenn er fett genug ist, soll er geschlachtet, gebraten und gesotten werden. Er aber steckt nur einen Knochen aus dem Käfig. Die Hexe kann nicht gut sehen, aber im Laufe der Zeit wird sie misstrauisch. Hänsel sitzt nur scheinbar in einer äußeren Falle, in Wirklichkeit ist er im eigenen Herzen gefangen. Seine Gefangenschaft bedeutet, dass er seine Aufmerksamkeit in seinem Herzen festhält, ohne zu weichen. Dadurch kann er mit seiner Seele Kontakt aufnehmen. Das Herz enthält einen geheimen Raum, in dem eine Flamme lodert, die das ganze Universum erleuchtet. Der Knochenfinger den Hänsel der Hexe zeigt, deutet darauf hin, dass er für die Welt tot ist. Er hat von Kronos gelernt, was wesentlich ist, das jetzt. Hänsel ist also gestorben und zu einem geheimen Leben erwacht, dem die Welt nichts mehr anhaben kann. Wie Paulus sagt, „nicht mehr ich lebe, sondern Christus lebt in mir (Gal 2,20").

Darum kann die Hexe ihn nicht wirklich dingfest machen. Sie will, dass wir uns in der Zeit verlieren, indem wir die Vergangenheit bereuen und auf die Zukunft hoffen. Wir sollen auch beweisen, dass unser

Leben hier einen Wert besitzt. In der Zeit können wir diesen Kampf nur verlieren. Unser Leben ist nicht von uns und sein Wert erwächst nicht aus unseren Anstrengungen hier. Wir kommen aus einer anderen Welt und sind hier nur zu Besuch. Unser Erbe kann und muss hier geteilt werden, kann aber nicht mit Opfer oder Wohltaten zurückgekauft werden.

Wenn wir der Zeit entkommen wollen, müssen wir die Zeit im Körper nutzen, um den wahren Schatz der Welt zu finden. Dies wird in den Diamanten symbolisiert. Wer den wahren Schatz in sich kultiviert hat, kann der Begrenzung des Körpers noch vor seinem Tod entkommen. Das ist die Botschaft des Märchens. Dies wird durch eine Entscheidung vollbracht. Es ist die Entscheidung für die Rückkehr zum Vater, die die nötige Energie für die Transformation freisetzt. Unsere Entscheidungen sind mächtig, weil wir mit dem Geiste Gottes denken. Die ganze Welt, die wir sehen, ist durch die Entscheidung entstanden von Gott getrennt zu sein. Die Rückkehr hat eine ähnlich mächtige Wirkung.

Die Diamanten im Hexenhaus sprechen von den Schätzen des Geistes, die wir uns in der Welt verdienen können. Es gibt zwei Möglichkeiten diese

Schätze hier zu finden. Es ist einmal die Erinnerung unserer Identität in Gott, und dann das Ausdrücken dieser Identität in der Welt der Begrenztheit. Diese Ausdehnung der Liebe hier fügt dem Himmel eine neue Erfahrung hinzu. Es sind diese Schätze, die wir heimbringen.

Das Geheimnis des Herzens betrifft noch einen anderen Aspekt des Lebens, den der Sexualität. Es könnte sich bei dem Finger von Hänsel auch um einen privateren Körperteil handeln. Wenn er endlich zum Mann wird, kann er mitmachen im Spiel der Welt, um von der Zeit verschlungen zu werden. Die Zeit führt aber nur scheinbar zum Tod. In Wirklichkeit hält sie uns einem Rad der Wiedergeburt gefangen, wofür das Hexenhaus auch steht. Nur wer weiß, wie man liebt, kann frei werden. Leidenschaft und Begierde haben viele religiöse Lehren als *die* Falle angesehen. Wir wissen, dass die Katharer Märchen wie dieses für Lehrzwecke genutzt haben. Bei dieser Kirche gab es die sogenannten Reinen. Sie enthielten sich der körperlichen Liebe, weil sie glaubten diese sei vom Teufel. Aber dem wird auch widersprochen. Die Katharer kultivierten danach die romantische Liebe, wie wir es von den Troubadouren wissen, die mit ihnen eng verbunden waren. Heute nennen wir dies den *fünften Weg*. Hänsel zeigt der Hexe zwar den Knochen hin, aber in Wirklichkeit ist er tatsächlich dick geworden. Er ist aufgewachsen, hat aber die Göttin der Zeit getäuscht. Das heißt, er hat seine Unschuld bewahrt, indem er seine Liebe zu Gretel reingehalten hat, wie es die Diamanten beweisen, die die beiden im Haus finden werden. Sein Herz leuchtet. Ihm ist das Glück der Geliebten wichtiger, als seine eigene Befriedigung. Wenn unsere Liebe nicht über unser eigenes Wohl hinauswächst, bleibt sie bedeutungslos. Wenn sie aber zu den Sternen wächst, also alles Leben mit einschließt, bringt sie uns zurück zum Hause des Vaters, wie dies in „Hänsel und Gretel" geschieht.

Der goldene Vogel

Es war vor Zeiten ein König, der hatte einen schönen Lustgarten hinter seinem Schloß, darin stand ein Baum, der goldene Äpfel trug. Als die Äpfel reiften, wurden sie gezählt, aber gleich den nächsten Morgen fehlte einer. Das ward dem König gemeldet, und er befahl, daß alle Nächte unter dem Baume Wache sollte gehalten werden. Der König hatte drei Söhne, davon schickte er den ältesten bei einbrechender Nacht in den Garten. Wie es aber Mitternacht war, konnte er sich des Schlafes nicht erwehren, und am nächsten Morgen fehlte wieder ein Apfel. In der folgenden Nacht mußte der zweite Sohn wachen, aber dem erging es nicht besser. Als es zwölf Uhr geschlagen hatte, schlief er ein, und morgens fehlte ein Apfel. Jetzt kam die Reihe zu wachen an den dritten Sohn; der war auch bereit, aber der König traute ihm nicht viel zu und meinte, er würde noch weniger ausrichten als seine Brüder; endlich aber gestattete er es doch. Der Jüngling legte sich also unter den Baum, wachte und ließ den Schlaf nicht Herr werden. Als es zwölf schlug, so rauschte etwas durch die Luft, und er sah im Mondschein einen Vogel daherfliegen, dessen Gefieder ganz von Gold glänzte. Der Vogel ließ sich auf dem Baume nieder und hatte eben einen Apfel abgepickt, als der Jüngling einen Pfeil nach ihm abschoß. Der Vogel entfloh, aber der Pfeil hatte sein Gefieder getroffen, und eine seiner goldenen Federn fiel herab. Der Jüngling hob sie auf, brachte sie am andern Morgen dem König und erzählte ihm, was er in der Nacht gesehen hatte. Der König versammelte seinen Rat, und jedermann erklärte, eine Feder wie diese sei mehr wert als das gesamte Königreich. "Ist die Feder so kostbar," erklärte der König, "so hilft mir die eine auch nichts, sondern ich will und muß den ganzen Vogel haben."

Was sind die goldenen Äpfel, die Nacht für Nacht heranreifen? Es sind Bilder und Fantasien im Geiste der Menschen von den Schätzen dieser Welt. Diese Welt scheint uns so viel zu bieten zu haben. Unser Geist erzählt uns ununterbrochen davon. Wenn wir uns mit diesem plappernden Verstand identifizieren, glauben wir, diese Überzeugungen seien unsere eigenen und halten sie für wahr. Aber es sind nur

Behauptungen, die wir glauben, ohne sie hinterfragt zu haben. Auch stellen wir deren Quelle nicht in Frage, weil sie ja aus unserem Kopf zu kommen scheinen. Das Ego in Frage zu stellen, heißt dann, sich selbst in Frage zu stellen. Aber das Ego, dieser Erfinder von Träumen des Reichtums und der Gefahr, hat einen großen Gegenspieler in dieser Welt. Wenn wir vom Ego reden, meinen wir jene Instanz in unserem Geist, die sich für ein abgetrenntes körperliches Wesen hält. Nacht für Nacht entreißt eine höhere Instanz dem Geist seine vorgestellten Schätze, bevor er sie wirklich in Besitz nehmen kann. Das ist das eigentliche Problem eines Geistes, der sich von seiner Quelle abgeschnitten hat. Er muss in der Außenwelt nach einem Ersatz für den Verlust der Innenwelt suchen. Er glaubt im Ego einen Verbündeten gefunden zu haben. Aber das Ego, diese Stimme des inneren Täuschers, war es ja, die ihn überredet hatte, sich von seiner Seele abzuschneiden. Wir haben uns alle selbst verraten, die wir hier in der westlichen Gesellschaft funktionieren. Wir glauben die Stimme der Seele vernachlässigen zu können, ohne dafür zahlen zu müssen. Aber dieser Seelenvogel ist es, der es verhindert, dass unsere äußeren Träume wahr werden. Dieser Vogel, der aus den oberen Welten kommt, will uns nicht in ewige Knechtschaft fallen sehen. Dies kann er nur verhindern, indem er unsere Pläne durchkreuzt. Verlust ist ein Teil des Lebens. Die Versprechungen des Ego rücken weiter in die Ferne, sobald wir ihnen nahe kommen. Genau mit dieser Enttäuschung hat es der König zu tun. Wer raubt ihm die Früchte seiner Fantasien? Er muss es herausbekommen und schickt alle los, denen er vertraut. Seine drei Söhne sind die Teile seines Geistes, die ihm zur Verfügung stehen. Die beiden ältesten Söhne symbolisieren den Alltagsverstand, der unter dem Einfluss der Außenwelt steht. Der dritte jüngere Sohn aber jener Teil des Gewahrseins, das noch stärker mit der Seele verbunden ist, wie in so vielen Märchen. Er ist nicht frei von Fehlern, versichert sich aber immer wieder des Beistandes seines Hilfsgeistes. Ihm fehlt die Arroganz der älteren Brüder vollkommen. Dank seiner Demut hat er die Chance, durch den Eingriff höherer Mächte immer wieder aus dem Schlamassel befreit zu werden, in den ihn seine Leichtgläubigkeit und Vergesslichkeit hineinreiten wird.

Der älteste Sohn machte sich auf den Weg, verließ sich auf seine Klugheit und meinte den goldenen Vogel schon zu finden. Wie er eine Strecke gegangen war, sah er an dem Rande eines Waldes einen Fuchs sitzen, legte seine Flinte an und zielte auf ihn. Der Fuchs rief: "Schieß mich nicht, ich will dir dafür einen guten Rat geben. Du bist auf dem Weg nach dem goldenen Vogel und wirst heute abend in ein Dorf kommen, wo zwei Wirtshäuser einander gegenüberstehen. Eins ist hell erleuchtet, und es geht darin lustig her; da kehr aber nicht ein, sondern geh ins andere, wenn es dich auch schlecht ansieht." Wie kann mir wohl so ein albernes Tier einen vernünftigen Rat erteilen! dachte der Königssohn und drückte los, aber er fehlte den Fuchs, der den Schwanz streckte und schnell in den Wald lief. Darauf setzte er seinen Weg fort und kam abends in das Dorf, wo die beiden Wirtshäuser standen. In dem einen ward gesungen und gesprungen, das andere hatte ein armseliges betrübtes Ansehen. Ich wäre wohl ein Narr, dachte er, wenn ich in das lumpige Wirtshaus ginge und das schöne liegen ließ. Also ging er in das lustige ein, lebte da in Saus und Braus und vergaß den Vogel, seinen Vater und alle guten Lehren.

Als eine Zeit verstrichen und der älteste Sohn immer

und immer nicht nach Haus gekommen war, so machte sich der zweite auf den Weg und wollte den goldenen Vogel suchen. Wie dem Ältesten begegnete ihm der Fuchs und gab ihm den guten Rat, den er nicht achtete. Er kam zu den beiden Wirtshäusern, wo sein Bruder am Fenster des einen stand, aus dem der Jubel erschallte, und ihn anrief. Er konnte nicht widerstehen, ging hinein und lebte nur seinen Lüsten.

Wiederum verstrich eine Zeit, da wollte der jüngste Königssohn ausziehen und sein Heil versuchen, der Vater aber wollte es nicht zulassen. "Es ist vergeblich," sprach er, "der wird den goldenen Vogel noch weniger finden als seine Brüder, und wenn ihm ein Unglück zustößt, so weiß er sich nicht zu helfen, es fehlt ihm am Besten." Doch endlich, wie keine Ruhe mehr da war, ließ er ihn ziehen. Vor dem Walde saß wieder der Fuchs, bat um sein Leben und erteilte den guten Rat. Der Jüngling war gutmütig und sagte: "Sei ruhig, Füchslein, ich tue dir nichts zuleid!" - "Es soll dich nicht gereuen," antwortete der Fuchs, "und damit du schneller fortkommst, so steig hinten auf meinen Schwanz." Und kaum hat er sich aufgesetzt, so fing der Fuchs an zu laufen und ging's über Stock und Stein, daß die Haare im Winde pfiffen. Als sie zu dem

Dorf kamen, stieg der Jüngling ab, befolgte den guten Rat und kehrte, ohne sich umzusehen, in das geringe Wirtshaus ein, wo er ruhig übernachtete.

Der dritte Sohn hat die erste Probe bestanden. Er ist dabei den weiten Ozean der Seele zu überqueren, auf dessen Wassern schon so viele verloren gingen. Nun braucht er nicht nur die Fähigkeit des Vertrauens und der Gutmütigkeit, sondern auch die der „Unterscheidung der Geister", wie es bei den Wüstenvätern hieß. Welcher Stimme kann er vertrauen und welcher nicht?

Am andern Morgen, wie er auf das Feld kam, saß da schon der Fuchs und sagte: "Ich will dir weiter sagen, was du zu tun hast. Geh du immer gerade aus, endlich wirst du an ein Schloß kommen, vor dem eine ganze Schar Soldaten liegt; aber kümmre dich nicht darum, denn sie werden alle schlafen und schnarchen: geh mittendurch und geradewegs in das Schloß hinein, und geh durch alle Stuben. Zuletzt wirst du in eine Kammer kommen, wo ein goldener Vogel in einem hölzernen Käfig hängt. Nebenan steht ein leerer Goldkäfig zum Prunk, aber hüte dich, daß du den Vogel nicht aus seinem schlechten Käfig herausnimmst und in den prächtigen tust, sonst möchte es dir schlimm ergehen." Nach diesen Worten streckte der Fuchs wieder seinen Schwanz aus, und der Königssohn setzte sich auf. Da ging's über Stock und Stein, daß die Haare im Winde pfiffen. Als er bei dem Schloß angelangt war, fand er alles so, wie der Fuchs gesagt hatte. Der Königssohn kam in die Kammer, wo der goldene Vogel in einem hölzernen Käfig stand, und ein goldener stand daneben; die drei goldenen Äpfel aber lagen in der Stube umher. Da dachte er, es wäre lächerlich, wenn er den schönen Vogel in dem gemeinen und häßlichen Käfig lassen wollte, öffnete die Türe, packte ihn und setzte ihn in den goldenen. In dem Augenblick aber tat der Vogel einen durchdringenden Schrei. Die Soldaten erwachten, stürzten herein und führten ihn ins Gefängnis. Den andern Morgen wurde er vor ein Gericht gestellt und, da er alles bekannte, zum Tode verurteilt. Doch sagte der König, er wollte ihm unter einer Bedingung das Leben schenken, wenn er ihm nämlich das goldene Pferd brächte, welches noch schneller liefe als der Wind, und dann sollte er obendrein zur Belohnung den goldenen Vogel erhalten.

So weit der Jüngling auch gekommen war, sein Verstand hatte ihm einen Strich durch die Rechnung gemacht, und er befindet sich in einer schwierigen

Lage. Das Ego, dieser scheinbare Perfektionist, ist in Wirklichkeit der geheime Saboteur, der auf unser Verderben aus ist. Der Geist des Nazismus war eine klare Verkörperung dieses Wahns, wie er in Leni Riefenstahls Filmen über den Nazi-Parteitag von 1934 und die Olympischen Spiele von 1936 dargestellt wurde. Ihre perfekte Abstimmung und Harmonie von Körpern, Bewegungen und Rhythmen ist noch heute eine Fundgrube für eine Werbeindustrie, die auch mit den Ideen von vollkommenen Körpern und der Schaffung von Co-Abhängigkeiten spielt. Sie tut dies nicht zufällig. Menschen, besonders Frauen, denen eingeredet wird, dass sie nicht an dem angepriesenen Ideal entsprechen, werden meist mehr Kosmetik konsumieren, als solche, die mit sich und ihrem Körper in Frieden sind.

Weil der Jüngling dachte ein goldener Vogel in einem schäbigen Käfig sei nicht gut genug, brachte er sich in des Teufels Küche. Er hat sich in eine Sache verstrickt, aus der er so nicht mehr herauskommt. Er muss sich ändern und wachsen, um von dieser Reise nicht nur heil nach Hause zu kommen, sondern auch beladen mit den Schätzen seines wahren Selbst.

Der Königssohn machte sich auf den Weg, seufzte aber und war traurig, denn wo sollte er das goldene Pferd finden? Da sah er auf einmal seinen alten Freund, den Fuchs, an dem Wege sitzen. "Siehst du," sprach der Fuchs, "so ist es gekommen, weil du mir nicht gehört hast! Doch sei guten Mutes, ich will mich deiner annehmen und dir sagen, wie du zu dem goldenen Pferd gelangst. Du mußt gerades Weges fortgehen, so wirst du zu einem Schloß kommen, wo das Pferd im Stalle steht. Vor dem Stall werden die Stallknechte liegen, aber sie werden schlafen und schnarchen, und du kannst geruhig das goldene Pferd herausführen. Aber eins mußt du in acht nehmen: leg ihm den schlechten Sattel von Holz und Leder auf und ja nicht den goldenen, der dabeihängt, sonst wird es dir schlimm ergehen." Dann streckte der Fuchs seinen Schwanz aus, der Königssohn setzte sich auf, und es ging über Stock und Stein, daß die Haare im Winde pfiffen. Alles traf so ein, wie der Fuchs gesagt hatte, er kam in den Stall, wo das goldene Pferd stand. Als er ihm aber den schlechten Sattel auflegen wollte, so dachte er: Ein so schönes Tier wird verschändet, wenn ich ihm nicht den guten Sattel auflege, der ihm gebührt. Kaum aber berührte der goldene Sattel das Pferd, so fing es an laut zu wiehern. Die Stallknechte erwachten, ergriffen den Jüngling und warfen ihn ins Gefängnis. Am andern Morgen wurde er vom Gerichte zum Tode verurteilt, doch versprach ihm der König das Leben zu schenken und dazu das goldene Pferd, wenn er die schöne Königstochter vom goldenen Schlosse herbeischaffen könnte.

Der gleiche Fehler wiederholt sich hier. Aber ein anderes Muster tritt zu Tage: Durch seine Fehler macht sich der Jüngling bereit für ein neues ganz anderes Leben. Plötzlich taucht eine Prinzessin auf, ohne die ein gutes Märchen ja nicht enden kann. Hätte der Jüngling diesen Fehler mit dem Sattel nicht gemacht, würde er nicht nach dem Mädchen im nächsten Schloss suchen. Es braucht also Fehler, oder besser das Fehlen von etwas, damit wir uns weiter auf den Weg machen. Darum ist der goldene Vogel eigentlich der Heilige Geist oder der heile Geist. Er symbolisiert die Stimme des höheren Bewusstseins, die uns in Richtung unserer Vervollkommnung treibt und zerrt, denn wir sind träge Geschöpfe, um nicht zusagen, entschuldigen Sie, faule Ärsche, die das Gewohnte lieben. Ohne seinen Diebstahl und seine Sabotage würden wir noch immer zu Hause hinterm Ofen hocken und unser Leben in Scheinwelten verträumen.

Mit schwerem Herzen machte sich der Jüngling auf den Weg, doch zu seinem Glück fand er bald den treuen Fuchs. "Ich sollte dich nur deinem Unglück überlassen," sagte der Fuchs, "aber ich habe Mitleiden mit dir und will dir noch einmal aus deiner Not helfen. Dein Weg führt dich gerade zu dem goldenen Schlosse. Abends wirst du anlangen, und nachts, wenn alles still ist, dann geht die schöne Königstochter ins Badehaus, um da zu baden. Und wenn sie hineingeht, so spring auf sie zu und gib ihr einen Kuß, dann folgt sie dir, und kannst sie mit dir fortführen; nur dulde nicht, daß sie vorher von ihren Eltern Abschied nimmt, sonst kann es dir schlimm ergehen." Dann streckte der Fuchs seinen Schwanz, der Königssohn setzte sich auf, und so ging es über Stock und Stein, daß die Haare im Winde pfiffen. Als er beim goldenen Schloß ankam, war es so, wie der Fuchs gesagt hatte. Er wartete bis um Mitternacht, als alles in tiefem Schlaf lag und die schöne Jungfrau ins Badehaus ging, da sprang er hervor und gab ihr einen Kuß. Sie sagte, sie wollte gerne mit ihm gehen, sie bat ihn aber flehentlich und mit Tränen, er möchte ihr erlauben, vorher von ihren Eltern Abschied zu nehmen. Er widerstand anfangs ihren Bitten, als sie aber immer mehr weinte und ihm zu Füßen fiel, so gab er endlich nach. Kaum war die Jungfrau zu dem Bette ihres Vaters getreten, so wachte er und alle andern, die im Schlosse waren, auf, und der Jüngling ward festgehalten und ins Gefängnis gesetzt.

Am andern Morgen sprach der König zu ihm: "Dein Leben ist verwirkt, und du kannst bloß Gnade finden, wenn du den Berg abträgst, der vor meinen Fenstern liegt und über welchen ich nicht hinaussehen kann, und das mußt du binnen acht Tagen zustande bringen. Gelingt dir das, so sollst du meine Tochter zur Belohnung haben." Der Königssohn fing an, grub und schaufelte ohne abzulassen, als er aber nach sieben Tagen sah, wie wenig er ausgerichtet hatte und alle seine Arbeit so gut wie nichts war, so fiel er in große Traurigkeit und gab alle Hoffnung auf. Am Abend des siebenten Tages aber erschien der Fuchs und sagte: "Du verdienst nicht, daß ich mich deiner annehme, aber geh nur hin und lege dich schlafen, ich will die Arbeit für dich tun." Am andern Morgen, als er erwachte und zum Fenster hinaussah, so war der Berg verschwunden. Der Jüngling eilte voll Freude zum König und meldete ihm, daß die Bedingung erfüllt *wäre, und der König mochte wollen oder nicht, er mußte Wort halten und ihm seine Tochter geben.*

Dank der Hilfe, die in seinem Leben wirkt, ist der Jüngling aus der letzten Sache nicht nur herausgekommen, sondern hat auch *noch eine Frau gewonnen.* Berge kann man nur mit Glauben versetzen heißt es im Neuen Testament, und ohne diesen Glauben in letzter Minute wäre es schlimm für den Jüngling ausgegangen. *Nun zogen die beiden zusammen fort, und es währte nicht lange, so kam der treue Fuchs zu ihnen. "Das Beste hast du zwar," sagte er, "aber zu der Jungfrau aus dem goldenen Schloß gehört auch das goldene Pferd." - "Wie soll ich das bekommen?" fragte der Jüngling. "Das will ich dir sagen," antwortete der Fuchs, "zuerst bring dem Könige, der dich nach dem goldenen Schlosse geschickt hat, die schöne Jungfrau. Da wird unerhörte Freude sein, sie werden dir das goldene Pferd gerne geben und werden dir's vorführen. Setz dich alsbald auf und reiche allen zum Abschied die Hand herab, zuletzt der schönen Jungfrau, und wenn du sie gefaßt hast, so zieh sie mit einem Schwung hinauf und jage davon, und niemand ist* imstande, dich einzuholen, denn das Pferd läuft schneller als der Wind."

Alles wurde glücklich vollbracht, und der Königssohn führte die schöne Jungfrau auf dem goldenen Pferde fort. Der Fuchs blieb nicht zurück und sprach zu dem Jüngling: "Jetzt will ich dir auch zu dem goldenen Vogel verhelfen. Wenn du nahe bei dem Schlosse bist, wo sich der Vogel befindet, so laß die Jungfrau absitzen, und ich will sie in meine Obhut nehmen. Dann reit mit dem goldenen Pferd in den Schloßhof; bei dem Anblick wird große Freude sein, und sie werden dir den goldenen Vogel herausbringen. Wie du den Käfig in der Hand hast, so jage zu uns zurück und hole dir die Jungfrau wieder ab." Als der Anschlag geglückt war und der Königssohn mit seinen Schätzen heimreiten wollte, so sagte der Fuchs: "Nun sollst du mich für meinen Beistand belohnen." - "Was verlangst du dafür?" fragte der Jüngling. "Wenn wir dort in den Wald kommen, so schieß mich tot und hau mir Kopf und Pfoten ab." - "Das wäre eine schöne Dankbarkeit!" sagte der Königssohn, "das kann ich dir unmöglich gewähren." Sprach der Fuchs: "Wenn du es nicht tun willst, so muß ich dich verlassen; ehe ich aber fortgehe, will ich dir noch einen guten Rat geben. Vor zwei Stücken hüte dich, kauf kein Galgenfleisch und setze dich an keinen Brunnenrand!" Damit lief er in den Wald.

Der Jüngling hat gelernt Anweisungen zu folgen. Darum geht es jetzt besser und er gewinnt die Bausteine und Schätze für sein Leben Stück für Stück. Nur die Tötung des Fuchses kann er nicht vollbringen, obwohl sie ja ein Liebesdienst wäre. Er hat eine Frau gewonnen und ist jetzt eigentlich bereit für sein Leben. Die Rückkehr ins Haus des Vaters heißt hier der Beginn des wirklichen, vollen Lebens, als erwachsener wacher und integrierter Mensch. Aber er ist noch nicht so weit. Sein Lernen ist noch nicht vollständig.

Der Jüngling dachte: "Das ist ein wunderliches Tier, das seltsame Grillen hat. Wer wird Galgenfleisch kaufen! Und die Lust, mich an einen Brunnenrand zu setzen, ist mir noch niemals gekommen." Er ritt mit der schönen Jungfrau weiter, und sein Weg führte ihn wieder durch das Dorf, in welchem seine beiden Brüder geblieben waren. Da war großer Auflauf und Lärmen, und als er fragte, was da los wäre, hieß es, es sollten zwei Leute aufgehängt werden. Als er näher hinzukam, sah er, daß es seine Brüder waren, die allerhand schlimme Streiche verübt und all ihr Gut vertan hatten. Er fragte, ob sie nicht könnten freigemacht werden. "Wenn Ihr für sie bezahlen wollt," antworteten die Leute, "aber was wollt Ihr an die schlechten Menschen Euer Geld hängen und sie loskaufen." Er besann sich aber nicht, zahlte für sie, und als sie freigegeben waren, so setzten sie die Reise gemeinschaftlich   fort.

Sie kamen in den Wald, wo ihnen der Fuchs zuerst begegnet war, und da es darin kühl und lieblich war und die Sonne heiß brannte, so sagten die beiden Brüder: "Laßt uns hier an dem Brunnen ein wenig ausruhen, essen und trinken!" Er willigte ein, und während des Gespräches vergaß er sich, setzte sich an den Brunnenrand und versah sich nichts Arges. Aber die beiden Brüder warfen ihn rückwärts in den Brunnen, nahmen die Jungfrau, das Pferd und den Vogel, und zogen heim zu ihrem Vater. "Da bringen wir nicht bloß den goldenen Vogel," sagten sie, "wir haben auch das goldene Pferd und die Jungfrau von dem goldenen Schlosse erbeutet." Da war große Freude, aber das Pferd fraß nicht, der Vogel pfiff nicht, und die Jungfrau, die saß und weinte.

Die Unschuld des Jünglings hat ihn bis jetzt einerseits auf seiner Reise vorangebracht, andererseits immer wieder scheitern lassen. Ohne Unschuld hätte er den Fuchs nicht ernst genommen. Aber durch seine Vertrauensseligkeit setzt er immer wieder alles aufs Spiel, welche ja Teil seiner Unschuld ist.

Der jüngste Bruder aber war nicht umgekommen. Der Brunnen war zum Glück trocken, und er fiel auf weiches Moos, ohne Schaden zu nehmen, konnte aber nicht wieder heraus. Auch in dieser Not verließ ihn der treue Fuchs nicht, kam zu ihm herabgesprungen und schalt ihn, daß er seinen Rat vergessen hätte. "Ich kann's aber doch nicht lassen," sagte er, "ich will dir wieder an das Tageslicht helfen." Er sagte ihm, er sollte seinen Schwanz anpacken und sich fest daran halten, und zog ihn dann in die Höhe. "Noch bist du nicht aus aller Gefahr," sagte der Fuchs, "deine Brüder waren deines Todes nicht gewiß und haben den Wald mit Wächtern umstellt, die sollen dich töten, wenn du dich sehen ließest." Da saß ein armer Mann am Weg, mit dem vertauschte der Jüngling die Kleider und gelangte auf diese Weise an des Königs Hof. Niemand erkannte ihn, aber der Vogel fing an zu pfeifen, das Pferd fing an zu fressen, und die schöne Jungfrau hörte Weinens auf. Der König fragte verwundert: "Was hat das zu bedeuten?" Da sprach die Jungfrau: "Ich weiß es nicht, aber ich war so traurig und nun bin ich so fröhlich. Es ist mir, als wäre mein rechter Bräutigam gekommen." Sie erzählte ihm alles, was geschehen war, obgleich die andern Brüder ihr den Tod angedroht hatten, wenn sie etwas verraten würde. Der König hieß alle Leute vor sich bringen, die in seinem Schlosse waren, da kam auch der Jüngling als ein armer Mann in seinen Lumpenkleidern, aber die Jungfrau erkannte ihn gleich und fiel ihm um den Hals. Die gottlosen Brüder wurden ergriffen und hingerichtet, er aber ward mit der schönen Jungfrau vermählt und zum Erben des Königs bestimmt.

Aber wie ist es dem armen Fuchs ergangen? Lange danach ging der Königssohn einmal wieder in den Wald. Da begegnete ihm der Fuchs und sagte: "Du hast nun alles, was du dir wünschen kannst, aber mit meinem Unglück will es kein Ende nehmen, und es steht doch in deiner Macht, mich zu erlösen," und abermals bat er flehentlich, er möchte ihn totschießen *und ihm Kopf und Pfoten abhauen. Also tat er's, und kaum war es geschehen, so verwandelte sich der Fuchs in einen Menschen und war niemand anders als der Bruder der schönen Königstochter, der endlich von dem Zauber, der auf ihm lag, erlöst war. Und nun fehlte nichts mehr zu ihrem Glück, solange sie lebten.*

Was bedeutet die Tötung des Fuchses? Im Hohelied der Liebe von Salomon werden die Füchse als jene Teile unserer Sexualität beschrieben, die uns schaden, wenn wir sie frei lassen. Die Triebe müssen sublimiert werden. Dies kann nur in wirklicher Liebe geschehen. Dann dienen sie der Vertiefung und der Wiederverbindung in einer Liebe, die in alle Richtungen weiterwächst. So kann auch die Frau ihre männliche Seite erkennen und integrieren, die es der Jüngling mit seiner weiblichen Seite kann. Der Goldene Vogel ist jetzt Teil seines Lebens, was bedeutet, dass er eine innere Verbindung zu seinem höheren Selbst hat. Er läuft nicht mehr den Fantasien und Süchten des Egos hinterher, sondern folgt den Inspirationen, die nicht davon reden etwas haben zu wollen, sondern vom dienen und von der Fürsorge der Liebe, die sich um alle Dinge kümmert. Das goldene Pferd bedeutet, dass der freie und integrierte Geist reisen kann. Er ist nicht mehr an den kleinen Rahmen des Körpers gebunden. Indem er sich mit dem reinen Geist identifiziert, wird er frei. Auf diese Weise können wir von diesem Märchen eine bedeutungsvolle Unterweisung in innerem Wachstum erhalten. Dieses Wachstum spielt in alle vier Bereiche der integralen Lebenspraxis nach Ken Wilber hinein: Das persönliche Innenleben, das innere Wertesystem einer Gruppe, den Körper und die äußere Welt. Der Jüngling ist ausgezogen, um all dies zu suchen und er hat all das gefunden.

3. Der Eisenhans.

Dieses Märchen erinnert an den Eisernen Heinrich, wo es auch um ein Wesen aus der Tiefe eines Brunnens und eine goldene Kugel geht. Es geht also um Dinge aus der Höhe und aus der Tiefe, man könnte sagen, dass es um „die letzten Dinge" geht. Diese Geschichte wurde von Robert Bly berühmt gemacht, der sie als ein Märchen über die Mannwerdung deutete. Unsere Deutung folgt dagegen einer erweiterten Sicht, wie wir gleich sehen werden.

Schauen wir, was uns das Märchen zu sagen hat.
Die Stille

Es war einmal ein König, der hatte einen großen Wald, der hinter seinem Schloss lag, und es war seine Lust darin zu jagen. Es begab sich einmal dass einer seiner Jäger in den Wald ging und am Abend nicht wieder kam. Den andern Tag schickte der König zwei Jäger aus, die sollten ihn suchen, aber die kamen auch nicht zurück. Da befahl er, dass alle seine Jäger sich aufmachen und durch den ganzen Wald streifen sollten, aber auch von diesen kam keiner wieder heim, und auch von der ganzen Meute der Hunde kam keiner zurückgelaufen. Da ging das Gebot aus dass niemand mehr in den Wald sich wagen sollte. Von nun an lag er da in tiefer Stille und Einsamkeit, und man sah nur zuweilen einen Adler oder Habicht darüber hin fliegen.

Das Märchen fängt damit an von einer toten Zone zu erzählen, die sich irgendwo in der Welt auftut. Wenn wir uns die zu Grunde liegenden Muster anschauen, können wir so tief gehen wie wir wollen. Denn die ist eine archetypische Geschichte Wir können dieses Märchen als eine Landkarte für den gesamten Zyklus eines Universums sehen oder als eine Landkarte unserer Welt, wie es jetzt ist. Und damit auch für unser persönliches Leben. Es gibt zu allem in dieser Geschichte eine kosmische und eine persönliche Seite.

Die Geschichte beginnt mit einer Gegend, in die man nicht hineinschauen kann. Der stille Wald, der alle Jäger und Hunde verschlungen hat, wirkt wie ein schwarzes Loch, das irgendwo da draußen in der Dunkelheit auf Beute lauert. Was hat das mit unserem Leben zu tun? Solche Tabuzonen hat wohl jede Familie und Gemeinschaft. Auch jedes

Individuum hat Dinge über die es nicht gern nachdenkt. Es geht hier um eine gefährliche Gegend in unserer Psyche, die man besser nicht betritt. Als wir heranwuchsen, haben wir uns von Zonen unserer Psyche abgewendet. Dies geschah schon im frühen Alter und war ein Verrat an uns selbst. Um zur Welt der Erwachsenen dazugehören zu können, mussten wir die allzu wilden oder schamlosen Teile unserer Selbst abspalten und in das dunkle Reich des Vergessens schieben. Erst als wir genügend „tot" waren, erst als die quirlige Lebendigkeit uns verlassen hatte, passten wir in die Systeme unserer Familien und Schulen.

Es war schon immer eine Frage in politischen und spirituellen Kreisen, ob man sich der Gravitation der Erde, der Familie oder des Schicksals ganz ausliefern oder ihnen trotzen sollte. Um in der Welt, in der wir leben, unsere Seele wiederzufinden, müssen wir andere Wege gehen und neue Antworten finden.

Der furchtlose Jäger

Das dauerte lange Zeit, da meldete sich ein fremder Jäger bei dem König, bat um eine Versorgung und sagte: er wäre bereit in den gefährlichen Wald zu gehen. Der König wollte seine Einwilligung nicht geben und sprach „ich fürchte es geht dir nicht besser als den andern, und kommst nicht wieder heraus." Der Jäger antwortete „Herr, ich will es auf meine Gefahr wagen: von Furcht weiß ich nichts."

Warum traut sich jemand in die Mitte der Gefahr? Es gibt immer wieder Menschen, die sich aus Entdeckerdrang ins Unbekannte hineinwagen. Letztlich ist es unser Bewusstsein selbst, das alle dunklen Ecken in der Welt erleuchten will. So handelte auch der portugiesische König Heinrich der Seefahrer, der die Sage nicht mehr als wahr akzeptierte, dass es an der Küste Afrikas Westafrikas gefährliche Seeungeheuer geben sollte, die alle Schiffe verschlangen und der einen mutigen Kapitän in diese Gegend schickte, nur um nachzuschauen, ob das wahr sei.

Dieser Kapitän besaß eine tapfere Mannschaft, die das erste Mal nach vielen Hundert Jahren mit einem europäischen Schiff an diese so gefürchtete Stelle zu fahren bereit war. Alles was sie sahen waren die endlosen afrikanischen Strände und das bewaldete Hinterland mit all seinen unentdeckten Schätzen und Gefahren. Damit änderte sich die ganze Sichtweise der Europäer. Plötzlich wartete die ganze Welt darauf entdeckt zu werden. Der Weg nach Indien war frei. Dieser nicht existente Drache symbolisierte nur die Angst der mittelalterlichen Christenheit vor der Welt und dem Bösen, das sich an den Enden ihres Einflussbereiches verstecken sollte. Mit der Entdeckung Amerikas durch Kolumbus und des Seeweges nach Indien durch Vasco da Gama war der Weg in die Neuzeit frei, wo dem Entdeckerdrang keine Grenzen mehr gesetzt war. Bis alles im Äußeren entdeckt war, und wir wieder auf das weite Meer unserer Innenwelt zurückgeworfen wurden.

Der Jäger in unserer Geschichte setzt sein Leben ein, um Licht in das Dunkel zu bringen. Während die tote oder verbotene Zone sich auch in der äußeren Welt befindet, wagt sich der Jäger in die Mondshäre vor, in die Welt der Träume und Mythen. Und ein jeder von uns ist eingeladen ihm zu folgen, denn niemand erforscht das Unbekannte unserer Seele für uns. Wir haben vielleicht Angst den Verstand zu verlieren, wenn wir zu tief gehen und auf die eigentlichen Ungeheuer stoßen. Darum ist es wichtig eine Landkarte der Seele zu haben, wie sie uns zum Beispiel die Kabbala oder Geschichten wie diese zeigen. Ich werde den Weg meiner Klienten und Freunde in die Selbstverwirklichung mit Hilfe dieser Landkarten aufzeigen, so dass auch der Leser ihnen folgen kann.

Es gibt oft eine Zuversicht in den Märchen, dass dem Unschuldigen nichts zustoßen kann, während diejenigen, die aus Eigennutz und Habgier handeln, scheitern. Dieser Jäger kommt, um zu helfen und danach zieht er von dannen, um woanders zu helfen. Solche wie er sind heilige Narren, weil sie darauf bestehen, dass die eigentlichen Schätze des Lebens nicht in der äußeren Welt zu finden sind, wie uns in den Medien vorgegaukelt wird. Der eigentliche Schatz liegt in unserem Herz-Geist und *ist* dieser Geist.

Der Rebell, der in die innere Verbotszone geht, ist der Türöffner für unsere Reise. Was er tut ist nur ein

Beispiel für das, was wir alle am Beginn unserer Reise nach innen tun müssen. Der Ungehorsam der Angst und den Konventionen dieser Welt gegenüber kann viele Formen annehmen. Vielleicht sagt er nein wo er zuvor immer ja gesagt hat. Vielleicht hält er sich nicht an die Verhaltensregeln der Familie. Er mag dem großen Bruder oder dem Chef den Gehorsam verweigern und damit wieder den aufrechten Gang der Selbstachtung erlernen. Dieser Mut ist notwendig, um auch auf die eigene dunkle Seite zu schauen. Solange wir den Schatten nur bei anderen suchen, werden wir viele Fehler finden, aber uns selbst nicht befreien. Der verbotene Wald, in den es bei unserem Abenteuer zu gehen gilt, ist die eigene Psyche, das Meer der Seele.

„Der Jäger begab sich also mit seinem Hund in den Wald. Es dauerte nicht lange, so geriet der Hund einem Wild auf die Fährte und wollte hinter ihm her: kaum aber war er ein paar Schritte gelaufen, so ward er durch einen tiefen Pfuhl aufgehalten und ein nackter Arm streckte sich aus dem Wasser, packte ihn und zog ihn hinab. Als der Jäger das sah, ging er zurück und holte drei Männer, die mussten mit Eimern kommen und das Wasser ausschöpfen. Als sie auf den Grund sehen konnten, so lag da ein wilder

Mann, der braun am Leib war, wie rostiges Eisen, und dem die Haare über das Gesicht bis zu den Knien herab hingen. Sie banden ihn mit Stricken und führten ihn fort, der König aber ließ ihn in einen großen eisernen Käfig auf seinen Hof setzen und verbot bei Lebensstrafe die Türe des Käfigs zu öffnen und die Königin musste den Schlüssel selbst in Verwahrung nehmen. Von nun an konnte ein jeder wieder mit Sicherheit in den Wald gehen.

Die Jagd nach dem Monster verlief erstaunlich glatt. Diesmal hat es nur einem Hund das Leben gekostet. Dort wo zuvor eine ganze Kohorte von Jägern spurlos verschwunden war, können drei Männer jetzt den Pfuhl unbehelligt ausschöpfen und den wilden Mann auf dem Grunde liegen sehen, ohne dass der sie angriff. Es ist ein furchtloser Blick in das Innere der eigenen Seele, in die eigene Schattenwelt aus verdrängten Gefühlen, Erinnerungen und Fantasien, die es dem Jäger erlaubt, den inneren Ungeheuern zu begegnen. Der wilde Mann wird gefangen und zum Schloss gebracht und dort in einen Käfig gesperrt. Damit ist die unbewusste Energie, die den Wald in ihren Bann gezogen hatte, wieder unter Kontrolle gebracht worden. Die Mutter hat jetzt den Schlüssel zum Käfig des Eisenhans. Frauen besitzen meist eine höhere emotionale Intelligenz als die Männer. Aber Untersuchungen zeigen auch, dass Mütter oft nicht wollen, dass ihre Söhne diese Intuition entwickeln. Blockierte Männer sind leichter zu kontrollieren. Vor allem Männer, die ihre eigene Wildheit nicht integriert haben.

Frauen wissen besser, wie man andere kontrolliert und manipuliert als Männer. Sie können ein ganzes Familiensystem mit einem Seufzer unter der Decke des Tabu halten, während der traditionelle Mann mit Gewalt drohen muss, um das gleiche zu tun. Der Jäger hat zwar den Wald befreit, aber nicht den Königssohn, um den es in unserer Geschichte geht. Dessen Reise beginnt gerade erst. Die ganze Aktion der Gefangennahme des Eisenhans hat noch nichts mit Befreiung und Integration zu tun. Es ist nur eine Art Burgfrieden geschlossen worden. Scheinbar hat sich die verbotene Zone jetzt zu einem Käfig verkleinert, aber solche Veränderungen bedeuten nicht viel im Bereich des Geistes. Die emotionale Ladung des verdrängten Materials ist in unserem Falle hoch, denn es wird durch einen wilden Mann symbolisiert. Dieser Eisenmann kann für verschiedene Dinge stehen. Er kann den männlichen Körper symbolisieren, dessen sexuelle Kraft gerade erwacht. Diese wird ins Sichtbare gehoben, muss aber noch gelenkt und befreit werden, wenn sie nicht alles durcheinander werfen soll. Er kann aber auch die Gesamtheit des Schattens symbolisieren, den gesamten Bereich des Geistes, dessen wir nicht bewusst sind. Es ist dieses Numinose, das unbekannte aus der Tiefe der Seele, das uns Grauen einflößt. Dieses Unbewusste trennt uns von der Quelle und dem Rest des Universums. Haben wir den Eisenhans integriert ist unser Geist heil und ganz und ist frei, um das innere Licht in die Welt auszudehnen. Damit das geschieht muss zuerst etwas schiefgehen, damit der Held seine Komfortzone verlässt, wie wir es in jedem guten Kinofilm noch heute sehen. Und wie* es so ist im Märchen, wenn etwas schiefgehen kann, so geht es auch schief. Das war schon in der Geschichte von der Paradiesvertreibung so.

Wenn wir die Kabbala und die Huna-Philosophie aus Hawei dazu nehmen, wie ich es gerne mache, dann erkennen wir schon jetzt eine Menge. Es gibt in der Welt, die wir zu sehen glauben, ein Problem. Es ist auf körperlicher Ebene ein Syntom. Mit diesem spricht die Seele zu uns. In unserer Epoche ist es die Seelenlosigkeit und die Veräußerlichung unseres

Lebens. Wir verbringen immer mehr Zeit vor dem Bildschirm anstatt einander ins Gesicht zu schauen. Der Eisenhans ist für alle sichtbar im Hof eingesperrt, aber wir fragen nicht, was er uns zu sagen hat. Jedes Syntom, das wir im Körper spüren, kann uns den Weg zurück zur Quelle zeigen. Wir müssen nur wissen, welche Frage wir stellen müssen, um diesem Pfad zu folgen. Wie schon bei der Gralssuche sind wir eingeladen, uns auf die Dynamik der Geschichte und ihrer Geheimnisse einzulassen.

Der goldene Ball

Der König hatte einen Sohn von acht Jahren, der spielte einmal auf dem Hof, und bei dem Spiel fiel ihm sein goldener Ball in den Käfig. Der Knabe lief hin und sprach „gib mir meinen Ball heraus." „Nicht eher," antwortete der Mann, „als bis du mir die Türe aufgemacht hast." „Nein", sagte der Knabe, „das tue ich nicht, das hat der König verboten", und lief fort. Am anderen Tag kam er wieder und forderte seinen Ball: der wilde Mann sagte „öffne meine Türe", aber der Knabe wollte nicht.

Was bedeutet der goldene Ball? Er symbolisiert das ursprüngliche heile Selbst des Jungen, in dem alle Dinge geschehen. In der Kabbala wird diese höhere Selbst durch die Sonne und auch Christus symbolisiert. Der goldene Ball steht für die *erste*

Unschuld, eine kindliche Unschuld, die er, nachdem sie erst einmal verloren war, nur durch Mut und emotionale Intelligenz zurückholen kann. Dann kann sie zu einer *wissenden* Unschuld werden. Angesichts der Weise wie unser Intellekt arbeitet, muss diese goldene Kugel erst einmal verloren gehen. Wir können mit unserer Art zu denken die Einheit und die Wahrheit nicht mehr verstehen.

Wie können wir den Weg zurück finden? Wir können unsere verletzten Anteile fragen, was sie sollen.

Zuerst aber müssen wir das Wilde in uns annehmen, um die goldene Kugel zurückzugewinnen. Das wird können nicht direkt ins Licht entfliehen. Um Erleuchtung zu finden, müssen wir uns der Welt aussetzen, weil diese uns die Schatten in unserem Geist widerspiegelt. Und diese müssen vergeben, geheilt und heimgeholt werden, wie der *Verlorene Sohn* aus dem Lukas-Evangelium.

Der Versuch die Kugel zurückzuholen, bedeutet Ungehorsam gegen König und Königin. Diese Tat zieht einen Bruch mit den Eltern nach sich. Wer will das schon?

Viele mogeln sich um den Aufstand gegen ihre Eltern herum, bis diese gestorben sind. Dann schreien sie ihre Wut vielleicht in einer Therapie heraus, zerstören Gegenstände aus dem Besitz der Eltern ohne die Wut wirklich loszuwerden. Wir werden also Schuld spüren, wenn wir uns selbst treu sind. Aber auch wenn wir unsere Persönlichkeit verleugnen, werden wir Schuld spüren, die Schuld des Selbstverrats. Der Schuld können wir daher nicht entkommen, wir können nur von ihr fortrennen und sie damit aufrechterhalten oder durch sie hindurchtauchen, in dem wir für einen Moment total schuldig werden, und sie damit überwinden. Denn Schuld ist nicht wirklich, weil sie vom Ego und nicht vom höheren Selbst kommt. Von oben kommt nur der Aufruf zu Veränderung und zum Aufbruch in ein neues Leben. Der Junge muss daher nun zur Tat schreiten, denn er kann nicht nichts tun. Er ist ins Leben geworfen worden und folgt dem Fortschritt seiner unentrinnbaren Selbstentfaltung.

Am dritten Tag war der König auf die Jagd geritten, da kam der Knabe nochmals und sagte „wenn ich auch wollte, ich kann die Türe nicht öffnen, ich habe den Schlüssel nicht." Da sprach der wilde Mann „er liegt unter dem Kopfkissen deiner Mutter, da kannst du ihn holen." Der Knabe, der durchaus seinen Ball wieder haben wollte, schlug alles Bedenken in den Wind und brachte den Schlüssel herbei. Die Türe ging schwer auf und der Knabe klemmte sich den Finger. Als sie offen war, trat der wilde Mann heraus, gab ihm den goldenen Ball und eilte hinweg.

Jetzt hat der Junge die Kugel wieder, klemmte sich aber den Finger. Er verletzte sich, weil er ungehorsam war. Es wird nichts mehr so sein wie früher. Er muss voller Enttäuschung begreifen, dass die goldene Kugel für ihn jetzt wertlos ist. Sie ist ein bedeutungsloses äußeres Symbol für etwas geworden, das schon vorher innerlich verloren war. Der Junge hat den Rest seiner Unschuld und Verbindung dadurch verloren, dass er aufgewachsen ist. Vielleicht haben sexuelle Phantasien Einlass in seinen Geist gefunden und damit die Kindheit zerstört. Oder er hat Dinge getan, sein Gewissen belasten, sei es, dass er andere gelogen, betrogen oder sie verletzt hat. Die Unschuld kann nicht durch Vortäuschung aufrechterhalten werden. Was verloren ist, ist fort. Soll er darauf warten, dass der Vater die Ursünde mitbekommt und ihn bestraft? Ein Gespräch könnte die Sache vielleicht bereinigen. Der Junge würde die Vergebung des Vaters empfangen, ohne das Paradies zu verlieren, wenn der Vater Gott ist. Der menschliche Vater kann das Gleiche tun, wenn er klug ist und die Sache wäre aus der Welt. Oder er erteilt dem Jungen eine Lektion und die Trennung zwischen den beiden könnte ein Leben lang dauern. Adam und Eva hatten sich vor Gott versteckt und sich mit Feigenblättern bedeckt. Letztlich bedeutet die biblische Geschichte, dass sie aus dem Paradies flohen, um niemals mehr von Gott gesehen und befragt zu werden.

Die Welt ist Adams Versuch Gott zu vergessen. Genau diese gnostische Deutung der biblischen Paradiesvertreibung können wir auf unsere Geschichte vom Eisenhans anwenden, wenn es um die spirituelle Seite des Lebens geht. Ähnlich wie in Hänsel und Gretel geschehen, verwirft der Junge nach dieser Lesart seine Beziehung zum Vater im Himmel und wirft damit auch den Himmel fort. Die Beziehung zu Gott kann nur in der Einheit gefunden werden und diese Einheit zerbrach, als sich der Sohn gegen Gott wendete. Jetzt muss der Sohn der Geschichte folgen, die für ihn geschrieben wurde. Und wenn er ihr folgt, wird es eine Geschichte der Erlösung sein, das heißt, er wird dahin zurückkehren, von woher er aufgebrochen ist, aber als ein Wissender. Für uns im westlichen Kulturkreis sind Jesus und Parzival zwei Figuren, die diesen Traum der Erlösung für uns zu Ende träumten. Am Beispiel von Parzival wird ersichtlich, dass niemand sich kreuzigen lassen muss, der die Erlösung sucht. Zeiten der Reflexion und Reinigung sind jedoch notwendig. Früher sind Leute dafür in die Einöde gegangen und haben als Büßer gelebt. Heute kann diese innere Arbeit in den Alltag integriert werden, durch Zeiten der regelmäßigen Mediation zum Beispiel, die der Seele die Gelegenheit zum inneren Wachstum geben, oder Wege des Aufbruchs wie mein Team, das sich die „Kinder des Windes" nennt .Was die sozio-psychologische Seite der Geschichte anbelangt, ist es ein Fehler, die Versöhnung mit dem Vater nicht wenigstens versucht zu haben. Ich erinnere mich an die Enkelin eines indianischen Großvaters, die ihm von ihren Selbstmordgedanken erzählte, ihm aber auf seine Bitte hin versprach, sich nichts anzutun. Leider wohnte sie weit weg, bei dem anderen Großvater, in einem Haus voll anderer Kinder und Jugendlicher, wo niemand genau darauf achtete, wie es ihr ging. Und dieses zwölfjährige Mädchen, Santana, erhängte sich bald darauf im Keller des Hauses. Dies war ein Abschied ohne *Good*

Bye, wie der andere Großvater Keith später schrieb. Sie war aus mehreren Gründen deprimiert, wie ich es in meinem Buch „Mit Crazy Horse im Schnee" beschrieben habe. Aber sie hätte die notwendige Hilfe zum Weiterleben erhalten können, wenn sie nicht auf die inneren Dämonen gehört oder der andere Großvater sie mit sich genommen hätte. Auch unser Junge geht fort, ohne Abschied zu nehmen, aber er ist noch am Leben. Und wird zu dem werden, zu dem er bestimmt ist, wenn er aus den unvermeidlichen Fehlern lernt und im rechten Moment die Richtung wechselt, denn ohne Fehler gibt es im Märchen und im Leben keine Geschichte und daher keine Entwicklung.

Die Flucht

Der Junge hat sich sich dem Numinosen, wie C.G.Jung das Unheimliche nannte, weil ihm keine Wahl blieb. Nun ist er in eine andere Welt eingetaucht. Heute nennt man diese Welt die Welt der Peers, der Jugendgruppen, die über eine andere Weltsicht verfügen und diese an ihre jungen Mitglieder vermitteln.

Dem Knaben war angst geworden, er schrie und rief ihm nach „ach, wilder Mann, geh nicht fort, sonst bekomme ich Schläge." Der wilde Mann kehrte um, hob ihn auf, setzte ihn auf seinen Nacken und ging mit schnellen Schritten in den Wald hinein.

Nun ist dem Jungen nur noch die Flucht geblieben. Verloren ist das Paradies der Kindheit, seine Familie und sein Thron. Jetzt heißt es in den dunklen Wald seiner eigenen Psyche einzutauchen und sich ein Bild von der Welt zu bilden, das auch funktioniert. Denn das ist die Aufgabe der Adolezens, die er jetzt eintaucht. In der Kabbala ist die Shäre, in der wir unsere Wahrnehmung von der Welt zusammensetzten Jesod, die Mondshäre. Wie wir über die Welt denken, so sehen wir sie. Wir sind im materialistischen Westen geprägt, egal ob wir im kapitalistischen Westen oder im kommunisten Osten, wie ich, aufgewachsen sind. Dort hat man uns beigebracht, dass sich unsere Wahrnehmung der Welt zwar im Kopf zusammensetzt, aber immer so weit wie möglich die Realität widerspiegelt. Die Kabbala und die Huna-Lehre sagen, dass das nicht stimmt. Die Welt ersteht aus unseren Überzeugungen. Wir können nur das sehen, das wir für möglich halten. Mit diesem Problem hatten Schamanen zu kämpfen, als die Schiffe von Magellan oder später Captain Cook an den Küsten ihrer Inseln im Pazifik auftauchten. Die Stammesmitglieder konnten die Schiffe nicht wahrnehmen, da soetwas in ihrer Vorstellungswelt nicht existierte. Erst als ein Schamane die Männer des Dorfes mit Kanus an die Schiffe heranbrachte und ihnen deren Gestalt erklärte, konnten sie sie auch sehen. So sind auch wir blind für andere Welten oder andere Überzeugungen, die andere Welt bilden. In unserer Geschichte des Eisenhans hören wir die Geschichte eines Befreiers, der die begrenzte Weltsicht jener, die ihm begegnen, öffnen wird.

Denn der Prinz ist bei Eisenhans, dem Beschützer und Mentor. Schauen wir, wie die Eltern des Kindes auf die Flucht reagieren.

Der verlassene Vater

Als der König heim kam, bemerkte er den leeren Käfig und fragte die Königin wie das zugegangen wäre. Sie wusste nichts davon, suchte den Schlüssel, aber er war weg. Sie rief den Knaben, aber niemand antwortete. Der König schickte Leute aus, die ihn auf dem Feld suchen sollten, aber sie fanden ihn nicht. Da konnte er leicht erraten was geschehen war, und es herrschte große Trauer an dem königlichen Hof.

Und wie erging es seinen Eltern? Sie waren traurig. Aber sie beschuldigten den Jungen nicht des Verrats. Sie wussten, dass das Leben selbst es gewesen war, das ihnen den Sohn entrissen hatte. Aber gerade weil der Junge nicht wusste, dass sein Fehler den Eltern nichts bedeutete und er ihr ganzer Schatz war, fühlte er sich schuldig. Er litt nicht unter wirklichen Ereignissen, sondern unter falschen Vorstellungen.

Ein solcher Abbruch der Kommunikation trennt Familien und Beziehungen. So vieles könnte geklärt, verziehen und geheilt werden, wenn wir keine Angst hätten einander zuzuhören.

Und ähnlich ist es mit der Quelle die wir Gott nennen, die uns keine Blitze hinterher schleudert, noch eine ist, die das Paradies von Erzengeln mit flammenden Schwertern versperren ließ. Es ist vielmehr ein liebender Vater, der um seine vorübergehend verlorenen Kinder trauert. Der Junge ist auf Grund einer Täuschung fortgelaufen. Der Zorn Gottes, auf dem ganze Religionen beruhen, hat nie stattgefunden. Er hätte nach seiner Tat jeder Zeit zurück die Familie des Königs kehren können. Aber im menschlichen Leben ist das nicht so einfach. Da kann man sich die Unschuld nicht einfach zurückholen, indem man die Rolle des Kindes weiterspielt. Hier in der Welt muss man fortgehen, um den ganzen Kreis der Entwicklung zu vollziehen und letztlich die Liebe wiederzufinden, die man so schmerzlich zu vermissen beginnt, sobald man von zu Hause fort ist. Um in ein größeres Bewusstsein zurückzukehren, müssen wir also beides tun, wachsen und erkennen, dass wir schon daheim sind.

Die Urkraft

Als der wilde Mann wieder in dem finstern Wald angelangt war, so setzte er den Knaben von den Schultern herab und sprach zu ihm „Vater und Mutter siehst du nicht wieder, aber ich will dich bei mir behalten, denn du hast mich befreit und ich habe Mitleid mit dir. Wenn du alles tust, was ich dir sage, so sollst du es gut haben. Schätze und Gold habe ich genug und mehr als jemand in der Welt.“

Für was steht nun der Eisenhans? Er symbolisiert unter anderem all das Ungezähmte und Wilde, das wir hinter uns gelassen zu haben glauben. Der Eisenhans ist der ursprüngliche Mann. Heute sind die Männer dressierte Maschinen, die Geld verdienen und verstehend, weich und authentisch sein sollen. Die Mainstream-Propaganda versucht die traditionellen Rollen von Mann und Frau zu zerstören und stattdessen für sexuelle Freizügigkeit zu werben, weil Singles mehr konsumieren als Gemeinschaften und leichter kontrollierbar sind. Diese hedonistische Ideologie lässt viele auf der

Strecke und führt vom Glück fort, das sie eigentlich verspricht. Aus diesem und anderen Gründen hatte Robert Bly recht, als ein mit dem „Eisenhans" ein Buch über Männer schrieb. Gewalt soll hier nicht verteidigt werden. Eine Gesellschaft, die das Männliche und das Mütterliche zu zerstören versucht, wird schwerlich überleben.

Der Eisenhans steht auch für das ganze Erbe das die Menschheit in sich trägt, also für das, was wir in den letzten tausenden Jahren von Zivilisation verloren haben. Er ist der Wächter, den wir passieren müssen, wenn wir auf unseren Weg zur Ganzheit der goldenen Kugel vollenden wollen.

Er ist aber auch eine Art des ursprünglichen Geistes, das aus den Tiefen des Unbewussten aufsteigt. In der gnostischen Psychologie gibt es in unserem Kopf zwei Stimmen, die Stimme des *höheren Selbst* und die Stimme des inneren Dämonen oder heute des *Ego*. Das höhere Selbst spricht für Liebe, Vertrauen und Gott und weist uns den Weg, dem wir folgen müssen, wenn wir die Liebe wiederfinden wollen. Das Ego und seine Helfershelfer in den Medien sprechen von der Trennung und dem Mangel und versucht uns immer tiefer in die Trennung zu locken, angeblich um uns zu schützen. Es weist immerzu in die falsche Richtung, fort von der Liebe. Wenn wir auf es hören, werden wir im Selbsthass enden. Darin zeigen sich die wahren Gefühle des Ego uns gegenüber. Es führt uns in Richtung Selbstzerstörung. Mit dem Eisenhans scheint es auch so zu sein. Er weiß jedoch, dass wir das Vaterhaus in dieser Welt verlassen müssen, um zu unserem wahren Selbst zurück zu finden. Wir müssen die Schuld auf uns nehmen, wir selbst zu sein. Erst wenn wir vollkommen Mensch sind, können wir uns an unser wahres Selbst erinnern.

Bisher hat der Eisenhans nichts anderes gemacht, als Chaos anzurichten. Er scheint ein Verführer zu sein, ein Teufel im Gewand eines Wilden, so wie viele Missionare ihn gesehen haben. Es ist die Stimme des Eros, die uns vorantreibt auf dem Weg durchs Leben. Sie treibt uns in Liebesabenteuer und zu fernen Horizonten. Sie vertreibt uns aus unserer warmen Stube, damit wir unser Geld vielleicht mit zweifelhaften Gestalten durchbringen oder andere Dummheiten begehen.

Der Brunnen der Weisheit

„Er ließ den Knaben auf Moos schlafen und am andern Morgen führte er ihn zu einem Brunnen und sprach „siehst du der Goldbrunnen ist hell und klar wie Kristall: du sollst dabei sitzen und Acht haben das nichts hinein fällt, sonst ist er verunehrt. Jeden Abend komme ich und sehe ob du mein Gebot befolgt hast." Der Knabe setzte sich an den Rand des Brunnens und hatte Acht dass nichts hinein fiel. Als er so saß, schmerzte ihn einmal der Finger so heftig dass er ihn unwillkürlich in das Wasser steckte. Er zog ihn schnell wieder heraus, sah aber dass er ganz vergoldet war, und wie große Mühe er sich gab das Gold wieder

abzuwischen, es war alles vergeblich. Abends kam der Eisenhans zurück, sah den Knaben an und sprach „was ist mit dem Brunnen geschehen?" „Nichts, nichts" antwortete er und hielt den Finger auf den Rücken, dass er ihn nicht sehen sollte. Aber der Mann sagte „du hast den Finger in das Wasser getaucht: diesmal magst hingehen, aber hüte dich dass du nicht wieder etwas hinein fallen lässt." Am frühsten Morgen saß er schon bei dem Brunnen und bewachte ihn. Der Finger tat ihm wieder weh und er fuhr damit über seinen Kopf, da fiel unglücklicher Weise ein Haar herab in den Brunnen. Er nahm es schnell heraus, aber es war schon ganz vergoldet. Der Eisenhans kam und wusste schon was geschehen war. „Du hast ein Haar in den Brunnen fallen lassen," sagte er, „ich will dirs noch einmal nachsehen, aber wenns zum dritten Mal geschieht, so ist der Brunnen entehrt, und du kannst nicht länger bei mir bleiben."

Diese Szene ist einzigartig in den Märchen. Was für ein Bild wird dort beschrieben! Was ist nun der Brunnen? Es ist der *ursprüngliche Geist* des Jungen. Die Gnostiker definieren den Geist als das Medium, in dem die Welt *erscheint*. Der Geist ist nach diesem Erklärungsmodell als ganz eindeutig die Ursache der Welt, nicht umgekehrt. Wie schon gesagt, wird die

Welt in unserem Geist so zusammengesetzt wird, wie wir sie sehen. Das heißt, dass wir aber nicht viel darüber wissen, wie die Welt wirklich ist. Wir können nur sicher sein, dass sie ganz anders ist, als wir sie uns vorstellen. Wir sind die Träumer der Welt. Darin liegt unsere Verantwortung und der Weg zu unserer letztendlichen Befreiung.

Das Universum ist eine Quantensuppe, in welcher gleichzeitig unendlich viele Möglichkeiten existieren. Warum will der Eisenhans, dass der Junge seinen Geist beobachtet? Er will, dass er seinen Geist reinigt und rein hält. Das Beobachten des eigenen Geistes ist ein Weg zur Erleuchtung. Es ist die Identifikation mit dem Gewahrsein selbst. Anstatt in unseren Gedanken verloren zu sein, werden wir einfach der Gedanken gewahr. Die Gedanken sind nur Behauptungen, die wir gewohnt sind zu glauben. Welcher Gedanke ist schon vollkommen wahr? Diese Identifikation mit dem eigenen leeren Geist und dem eigenen individuellen Licht ist die Art, wie wir meditieren und spirituell praktizieren sollten.

Der Brunnen steht auch für den Heiligen Gral. Nach dieser Deutung ist der Eisenhans der Fischerkönig, jener Mann, der von dem Jungen erlöst werden muss, damit dieser selbst Erlösung finden kann. Der Heilige Gral ist eine Öffnung in unserem Herzen, an der wir der Wahrheit begegnen. Wenn das geschieht, werden uns immer Dinge entrissen, die uns bis dahin lieb und teuer waren, die sich jetzt aber als Illusionen herausstellen. Wenn wir diese Dinge loslassen, kann der Gral seine Funktion erfüllen, uns die Segnung und Gnade des Himmels zurückzugeben. Dann fühlten wir, dass all unser eingebildeter Besitz ob nun materieller, mentaler oder emotionaler Natur, nur eine Last war. Wir können in jedem Moment alles haben, alles was wir benötigen und es noch im gleichen Moment loslassen. Das ist die Kunst derjenigen, die sich auf dem Pfad inneren Kriegers begeben, wie er hier in diesem Märchen beschrieben wird.

Warum schmerzt dem Jungen der Finger? Es ist das Glied, mit dem er den Bruch mit dem Vater vollzogen hat. Es ist in Wirklichkeit der Penis. Der Penis ist das Symbol der scheinbaren Fähigkeit des Menschen Leben zu erschaffen. Diese Fähigkeit muss dem Vater entrissen werden. So trägt, wie Freud vermutete, jede Generation die Schuld für die Ermordung eines Vorfahren mit sich herum, sei sie nun symbolisch durch Ungehorsam oder tatsächlich geschehen.

Was aber in den Geist hineinfällt wird vergoldet. Gold ist ein Symbol für die Sonne, die unsere Welt erleuchtet, für unser Herz und auch für Christus, den Bringer der Erleuchtung und damit für Gott und den Himmel. Das Gold erinnert an die goldene Kugel, die ja da irgendwo in der Tiefe liegt und schlummert, bis sie wieder an die Oberfläche kommen kann. Dort, wo Gold in der Geschichte auftaucht ist das Licht des Himmels nahe.

Goldenes Haar

Am dritten Tag saß der Knabe am Brunnen, und bewegte den Finger nicht, wenn er ihm noch so wehtat. Aber die Zeit ward ihm lang, und er betrachtete sein Angesicht, das auf dem Wasserspiegel stand. Und als er sich dabei immer mehr beugte, und sich recht in die Augen sehen wollte, so fielen ihm seine langen Haare von den Schultern herab in das Wasser. Er richtete sich schnell in die Höhe, aber das ganze Haupthaar war schon vergoldet und glänzte wie eine Sonne. Ihr könnt denken wie der arme Knabe erschrak. Er nahm sein Taschentuch und band es um den Kopf, damit es der Mann nicht sehen sollte. Als er kam, wusste er schon alles und sprach „binde das Tuch auf." Da quollen die goldenen Haare hervor und der Knabe mochte sich entschuldigen, wie er wollte, es half ihm nichts. „Du hast die Probe nicht bestanden und kannst nicht länger hier bleiben. Geh hinaus in die Welt, da wirst du erfahren, wie die Armut tut. Aber weil du kein böses Herz hast und ichs gut mit dir meine, so will ich dir eins erlauben: wenn du in Not gerätst, so geh zu dem Wald und rufe meinen Namen, dann will ich herauskommen und dir helfen. Meine Macht ist groß und Gold und Silber habe ich im Überfluss."

Nun hat der Junge seine dritte Chance vertan. Warum sollte er nichts in den Brunnen fallen lassen? Jede Verunreinigung des reinen Geistes und damit des reinen Gewahrseins sollte vermieden werden. Aber nun ließ der Junge sein Haupthaar hineinfallen. Scheinbar hat er nun aber seinen Platz beim Eisenhans nahe an der Natur verloren, aber dafür hat er einen Schatz erlangt, den ihm niemand mehr nehmen kann. Sein goldenes Haupthaar leuchtet wie ein Heiligenschein. Es zeigt, dass das Licht Einlass in seinen Geist gefunden hat und jetzt von dort aus leuchtet. Sein Erwachen hat begonnen. Der Eisenhans hat ihn an diesen Ort gebracht. Die innere Natur hat ihn zur Quelle des höheren Selbst geführt. Doch nun muss er lernen, dieser Stimme in der Welt zu folgen. Er hat mehr Licht in sich, als die anderen und vielleicht werden sich manche Leute nach ihm auf der Straße umsehen, ohne zu wissen warum. Bei den Frauen wird er ein leichtes Spiel haben. Seine Gedanken werden eine größere Macht haben, als die der normalen Menschen. Im Positiven wie im Negativen. Er muss es also Lernen, den Weg seiner Gedanken zu bestimmen. Er muss lernen zuzuhören, mehr und mehr bis er nur noch auf die innere Quelle hört.

Der Garten

Da verließ der Königssohn den Wald und ging über gebahnte und ungebahnte Wege immer zu, bis er zuletzt in eine große Stadt kam. Er suchte da Arbeit, aber er konnte keine finden und hatte auch nichts erlernt, womit er sich hätte forthelfen können. Endlich ging er in das Schloss und fragte ob sie ihn behalten wollten. Die Hofleute wussten nicht wozu sie ihn brauchen sollten, aber sie hatten Wohlgefallen an ihm und hießen ihn bleiben. Zuletzt nahm ihn der Koch in Dienst, und sagte er könnte Holz und Wasser tragen und die Asche zusammen kehren. Einmal, weil gerade kein anderer zur Hand war, sollte er die Speisen zur königlichen Tafel tragen, er wollte aber seine goldenen Haare nicht sehen lassen und behielt sein Hütchen auf. Da sprach der König „wenn du zur königlichen Tafel kommst, musst du deinen Hut abziehen.“ „Ach Herr, “ antwortete er, „ich kann nicht, ich habe einen bösen Grind auf dem Kopf.“ Da ließ der König den Koch herbei rufen, schalt ihn und fragte wie er einen solchen Jungen hätte in seinen Dienst nehmen können; er sollte ihn gleich fortjagen. Der Koch aber hatte Mitleiden mit ihm und vertauschte ihn mit dem Gärtnerjungen.

Der Junge hat eine Arbeit in der Nähe der Prinzessin gefunden. Sie steht für die größere lichtvolle Seite seiner selbst, seine Seele. Damit ist sie ein Symbol für den ganzen Geist, den Heilen Geist, den Buddha-Geist. Wenn er sie gewonnen hat, ist die höchste Vollendung erreicht und die Geschichte zu Ende. Er arbeitet als Koch und bringt Essen aus der Küche. Er dient der Gemeinschaft. Er dehnt seine Kraft in die Welt aus. Aber er lässt sein Licht nicht leuchten, wie Jesus es seinerzeit in der Bergpredigt empfohlen hatte. Er verdeckt es, weil er fürchtet zu hell zu strahlen. Das tun viele von uns. Wir nennen das Bescheidenheit. Es ist aber die Stimme des Ego, die uns einredet, wir könnten unser Licht nicht leuchten lassen. Wir schämen uns unserer Identität, die viel größer ist, als diese kritische Stimme in unserem Kopf je begreifen wird. Aber wer sich versteckt, wird von der Welt angegriffen, weil die Leute seine Unehrlichkeit spüren. Genauso werden auch jene angegriffen, die in die Welt leuchten, weil sie den Neid jener wachrufen, die sich selbst verraten haben, wie es der Junge gerade getan hat. Er wird hinausgeworfen und muss den Acker seines Selbst dort draußen weiter beackern. Was wir in unserem Coaching aufzuzeigen versuchen ist, dass es nicht so sein muss. Wir es lernen auf unsere Syntome zu hören, und damit dem inneren Kind näherkommen, das uns zum Frieden führt.

„Nun musste der Junge im Garten pflanzen und begießen, hacken und graben, und Wind und böses Wetter über sich ergehen lassen. Einmal im Sommer als er allein im Garten arbeitete, war der Tag so heiß dass er sein Hütchen abnahm und die Luft ihn kühlen sollte. Wie die Sonne auf das Haar schien, glitzerte und blitzte es dass die Strahlen in das Schlafzimmer der Königstochter fielen, und sie aufsprang um zu sehen was das wäre.

Wir können unsere wahre Natur nicht für immer verbergen. So geschieht es auch mit dem Jungen.

Da erblickte sie den Jungen und rief ihn an „Junge, bring mir einen Blumenstrauß." Er setzte in aller Eile sein Hütchen auf, brach wilde Feldblumen ab und band sie zusammen. Als er damit die Treppe hinaufstieg, begegnete ihm der Gärtner und sprach „wie kannst du der Königstochter einen Strauß von schlechten Blumen bringen? geschwind hole andere, und suche die schönsten und seltensten aus." „Ach nein, " antwortete der Junge, „die wilden riechen kräftiger und werden ihr besser gefallen." Als er in ihr Zimmer kam, sprach die Königstochter „nimm dein Hütchen ab, es ziemt sich nicht dass du ihn vor mir auf behältst." Er antwortete wieder „ich darf nicht, ich *habe einen grindigen Kopf." Sie griff aber nach dem Hütchen und zog es ab, da rollten seine goldenen Haare auf die Schultern herab, dass es prächtig anzusehen war. Er wollte fortspringen, aber sie hielt ihn am Arm und gab ihm eine Hand voll Dukaten. Er ging damit fort, achtete aber des Goldes nicht, sondern er brachte es dem Gärtner und sprach „ich schenke es deinen Kindern, die können damit spielen."*

Der Junge musste sein Licht zeigen. Er kann sein Licht nicht mehr unter einem Scheffel stellen. Die Prinzessing nimmt ihm den Hut weg und er steht jetzt fast nackt da, von Angesicht zu Angesicht mit seinem wahren Selbst. Er braucht sich für nichts mehr schämen, für das sein Ego ihn verdammt. Und das hat er erreicht, in dem er im Garten arbeitete, in der Erde in wahrer Demut und Einfachheit.

Der wilde Blumenstrauß bedeutet Ursprünglichkeit. Er deutet auf den Weg der Natur hin. Die Natur ist dem Ursprung immer nahe. Der Junge bietet seiner Seele genau diese Natürlichkeit an. Was ist ihre Antwort? Die Quelle des Lebens gibt immer alles. Sie gibt die sichtbaren und die unsichtbaren Dinge. Dieses Märchen wählt ein geniales Bild, um beide Seiten, der Gaben des Ursprungs zu beschreiben. Die

Prinzessin schenkt ihm Gold als Zeichen des universalen Überflusses. Gold ist ein Zeichen des wahren Selbstes, der Sonne und des Herzens. Aber in dieser Welt darf Gold nicht in der Sonne leuchten, weil es zu einem Symbol der Habgier geworden ist. Es wird versteckt, weil es von den Eliten gehortet wird. Es soll so viel Gold in dieser Welt geben, dass es fast so billig wie Kupfer sein könnte. Aber es wird weggeschlossen und gebunkert. So will der Junge nicht enden. Er geht den Weg der Kenosis, den auch Jesus lehrte, den Weg der Selbstentäußerung. Wenn wir frei sein wollen, müssen wir uns selbst fortgeben, immer wieder, so wie wir auch immer wieder die unendlichen Gaben des Universums annehmen müssen. Wir leben dann aus der Leere heraus, damit Gott uns füllen kann. Ein Kurs in Wundern sagt, wir sollen all die Dinge fortgeben, die wir nicht verlieren wollen, denn gerade durch das Fortgeben bewahren wir sie vor dem Verlust. Das ist das Gegenteil von dem, was die Welt glaubt. Wer als Liebe geschaffen wurde, wird dies nur erfahren, wenn er Liebe gibt. Wer als Fülle erschaffen wurde, wird sich nur als Fülle erfahren, wenn er Fülle gibt. Das genau macht der Junge. Wer die Sachen, die er liebt, fortgibt, stellt sicher, dass ihm eine wertvollere Variante der gleichen Dinge wiedergegeben wird. Der kosmische Geist sorgt dafür, dass unsere Frequenz immer weiter steigt und damit auch unsere Fähigkeit des Gebens und Empfangens. Also müssen wir, wenn wir erkennen wollen, dass *Gott uns als alles erschaffen hat, dieses Alles ausdehnen.* Indem wir es fortgeben, machen wir es uns zu Eigen. Wenn wir die Segnungen Gottes zurückhalten, werden wir vergessen, wir sehr gesegnet sind. Und weil alle Brüder und Schwestern einen Geist mit uns teilen, müssen wir es lernen, das Licht in ihnen zu sehen, und alle zu segnen, um unser eigenes Licht zu erkennen. Diese Szene deutet noch auf einen weiteren Aspekt hin, der mit Fülle zu tun hat. Die Unfähigkeit des Annehmens. Warum will der Junge nichts von der Prinzessin annehmen? Er will frei bleiben. Nimmt er das Gold von ihr an, wird er in den Strudel menschlicher Beziehungen hereingezogen, die oft auf dem Handel mit Liebe und Schuld beruhen. Sie führen oft zu gegenseitiger Projektion von Hoffnung, Erwartung und von gegenseitiger Beschuldigung und Enttäuschung, eben weil menschliche Beziehungen es nicht schaffen, ein Ersatz für unsere Beziehung mit dem Schöpfer zu sein. Sie führen immer zur Enttäuschung und daher zur Wut aufeinander. Aber die Distanz, mit der der Junge seine Unabhängigkeit verteidigt, bringt ihn auch nicht weiter. Der Junge genießt sein Licht, ohne sich dem Leben zu stellen. Er kann das Dilemma des menschlichen Lebens nicht lösen, ohne sich darauf ganz einzulassen.

„Den andern Tag rief ihm die Königstochter abermals zu er sollte ihr einen Strauß Feldblumen bringen, und als er damit eintrat, grapschte sie gleich nach seinem Hütchen und wollte es ihm wegnehmen, aber er hielt es mit beiden Händen fest. Sie gab ihm wieder eine Hand voll Dukaten, aber er wollte sie nicht behalten und gab sie dem Gärtner zum Spielwerk für seine Kinder. Den dritten Tag gings nicht anders, sie konnte ihm sein Hütchen nicht wegnehmen, und er wollte ihr Gold nicht.“

Wir können sehen, dass der Junge noch nicht dafür bereit ist, die Schätze des Lebens auch für sich anzunehmen. Er will geben, ohne anzunehmen. Dies ist das Stadium des stolzen Kriegers, der vollkommen selbstgenügsam ist. Wer aber nur gibt, ohne anzunehmen, behandelt seine Brüder und Schwestern ohne Respekt und wird seine Ressourcen bald erschöpfen. Es geht nicht um einen Austausch, der auf Handel beruht, es geht hier vielmehr um Gegenseitigkeit. Der Junge will sein Licht nicht strahlen lassen, er will im Geheimen agieren. Gott operiert aber nie im Geheimen. Alle seine Geheimnisse liegen vollkommen offen zu Tage. Wer es lernt zu denken, wie Gott denkt, wird verstehen, dass sein Denken vollkommen einfach ist. Es ist das Gegenteil von dunklen Mysterien, die in verräucherten Kapellen im Geheimen zelebriert werden. Darum ehrliche Kommunikation meistens die beste Lösung. Nur Ehrlichkeit kann die Mauern zwischen uns einreißen und unsere Verletzungen und Ängste heilen. Wenn wir alles frei geben und empfangen könnten, würden wir die Schwingung des Planeten so weit anheben, dass er in den Zustand vor dem Fall zurückübersetzt werden würde. Denn Trennung, wie wir sie kennen, wird nicht mehr möglich sein.

Der Junge aber kann in diesem Stadium weder geben noch empfangen. Es findet kein Austausch statt und es ist noch kein Platz für die Liebe und ihre oben erwähnte dunkle Seite der Schuld. Während die Weisheit an der oberflächlichen Identität des Jungen rüttelt und ihm das Gold der Weisheit und Liebe anbietet, hält er noch an seiner Identität eines unabhängigen Menschen fest. Gleichzeitig ist die Königstochter seine Schwester, denn er ist auch ein Königssohn. Wir sind alle Kinder Gottes und damit Träger des Lichts. Solange wir unser Licht nicht leuchten lassen, werden wir nur Finsternis um uns wahrnehmen. Aber wenn wir aufhören uns aus Angst zusammenzuziehen, können wir leuchten und dann lächelt die Welt zu uns zurück. Was nun für den Jungen ansteht ist daher der Sprung in die zwischenmenschliche Liebe mit all ihren Verwirrungen. Sonst wird das Leben an ihm vorbeiziehen und er wird am Ende leer ausgehen.

Der Kampf

Nicht lange danach ward das Land mit Krieg überzogen. Der König sammelte sein Volk und wusste nicht ob er dem Feind, der übermächtig war und ein großes Heer hatte, Widerstand leisten könnte. Da sagte der Gärtnerjunge „ich bin herangewachsen und will mit in den Krieg ziehen, gebt mir nur ein Pferd." Die andern lachten und sprachen „wenn wir fort sind, so suche dir eins: wir wollen dir eins im Stall zurück lassen." Als sie ausgezogen waren, ging er in den Stall und zog das Pferd heraus; es war an einem Fuß lahm und hickelte hunkepuus, hunkepuus. Dennoch setzte er sich auf und ritt fort nach dem dunkeln Wald. Als er an den Rand desselben gekommen war, rief er dreimal Eisenhans so laut dass es durch die Bäume schallte. Gleich darauf erschien der wilde Mann und sprach „was verlangst du?" „Ich verlange ein starkes Ross, denn ich will in den Krieg ziehen." „Das sollst du haben und noch mehr als du verlangst." Dann ging der wilde Mann in den Wald zurück, und es dauerte nicht lange, so kam ein Stallknecht aus dem Wald und führte ein Ross herbei, das schnaubte aus den Nüstern, und war kaum zu bändigen. Und hinterher folgte eine große Schaar Kriegsvolk, ganz in Eisen gerüstet, und ihre Schwerter blitzten in der Sonne. Der Jüngling übergab dem Stallknecht sein dreibeiniges Pferd, bestieg das andere und ritt vor der Schaar her. Als er sich dem Schlachtfeld näherte, war schon ein großer Teil von des Königs Leuten gefallen und es fehlte nicht viel, so mussten die übrigen weichen. Da jagte der Jüngling mit seiner eisernen Schaar heran, fuhr wie ein Sturm über die Feinde, und schlug alles nieder was sich ihm widersetzte. Sie wollten fliehen, aber der Jüngling saß ihnen auf dem Nacken und ließ nicht ab bis kein Mann mehr übrig war. Statt aber zu dem

König zurück zu kehren, führte er seine Schaar auf Umwegen wieder zu dem Wald und rief den Eisenhans heraus. „Was verlangst du?" fragte er. „Nimm dein Ross und deine Schaar zurück und gib mir mein dreibeiniges Pferd wieder." Es geschah alles, was er verlangte, und er ritt auf seinem dreibeinigen Pferd heim."

Bevor wir in Frieden leben können, müssen wir den Tanz mit unseren inneren Dämonen erlernen. Auch wenn wir sie niemals besiegen werden, so können wir ihnen doch die Macht über uns zum großen Teil entziehen, wenn wir ihrer Gegenwart bewusst sind. Und das sind jene Ideen, die uns den Frieden rauben.

Nun ist der Junge zum ersten Mal in seine Kraft gekommen. Er ist nicht mit der Armee geritten, denn sie haben ihn nicht gelassen. Dies ist keine Geschichte für die Massen. Wir wollen hier keine Soldaten ausbilden. Auch keine Individualisten. Sondern welche, die den Weg zum Frieden gehen. Der wird durch den Dienst für andere und unser wahres Selbst erreicht. Wir sind alle miteinander verbunden. Wir teilen alle einen einzigen Geist. Und wir müssen unsere Kleinheit überwinden, die uns an

Raum und Zeit bindet. Das tun wir indem wir all jenen dienen, die zu uns kommen.

 Letztendlich kommt alles zu uns selbst zurück, was wir geben. Das ist das Geheimnis der Liebe. Das heißt, dass alles was wir sehen eine Widerspiegelung ist. Es ist alles unser eigener Geist und nichts erreicht uns von außerhalb, solange wir in dieser Welt sind. Wir sind in einer Blase des Träumens. Darum scheinen unsere Urteile so berechtigt zu sein, weil alles sie unterstützt. Wenn der Junge den Austausch mit dem Mädchen verhindert, deutet unser Märchen noch auf etwas hin, unter dem fast alle leiden, die in dieser Welt Beziehungen eingehen. Wir könnten es die Ping-Pong-Methode nennen, die wir oben schon angedeutet haben.

Damit gemeint ist das Hin- und Herschieben von Verantwortung, Groll und Schuld in Beziehungen. Jedes Mal, wenn wir den anderen beschuldigen an unseren schlechten Gefühlen Schuld zu sein, nimmt der Groll in der Beziehung zu. Und so geht es hin und her, bis wir uns trennen oder vollkommen verbittert sind. Der Junge wehrt sich auf einer bestimmten Ebene gegen diese Art des Handels, um die Beziehung mit dem Mädchen nicht zu ruinieren.

Er glaubt, dass die Prinzessin etwas zurückverlangen wird, wenn er ihre Geschenke annimmt. Erst wenn er erwachsen genug ist, um in seiner eigenen Verantwortung zu stehen, wird er bereit für die Liebe sein.

Beziehungen können eine besondere Funktion in unserem Leben spielen. Anstatt sie zu benutzen um uns im Schlaf zu halten, der durch Projektionen aufrechterhalten wird, können wir sie dem Erwachen dienen lassen. Das nennen wir eine *heilige Beziehung.* Alles was unser Partner durch seine Taten und Worte in uns hochkommen lässt, ist dann unser ganz eigenes Material und hat mit ihm nicht viel zu tun. Dieses Material muss es anerkannt und losgelassen werden. Gefühle müssen gefühlt werden. Das ist der Weg zur Freiheit. Beziehungen sind also nur zwischen erwachsenen Menschen hilfreich. Und da kommt die Idee des schwarzen Lochs noch einmal zurück. Wenn wir uns nicht mehr wehren, sondern alles einladen zu uns zurückzukommen, werden sich alle Dramen um uns im Nuh auflösen. Das ist das was Jesus meinte als er sagte „Widersteh dem Bösen nicht!" Leute, die Konflikt lieben, werden sich mit Grauen von uns abwenden, wenn wir uns nicht mehr wehren, denn niemand will in der Nähe eines schwarzen Lochs leben. Wir entreißen ihnen durch unsere Wehrlosigkeit die Energie zum Angriff. Das heißt nicht, auf wir allen Anschuldigungen zustimmen, aber wir können Bedauern äußern, wenn wir jemanden verletzt haben. Wer sich aber wehrt, wird zu einem Gefangenen des Ego, das alles in dieser Welt zu einem Schlachtfeld machen möchte. So lange die Wut nach außen geleitet wird, scheinen manche Beziehungen gut zu laufen, aber zu welchem Preis? Mögen sie auch noch so stark versuchen, diese Wut auf die äußere Welt zu leiten, sie kriecht immer wieder zurück.

Gegen welchen Feind wird die Schlacht des Jungen nun geschlagen? Versucht er seine zukünftige Frau gegen die Welt zu verteidigen? Das kann nur scheitern. Dieses ganze Märchen spricht von einem inneren Kampf, der sich auch im Außen zeigt. Bei diesem Kampf gibt es mehrere Akteure. Einmal ist da das bewusste Ich, dann der Ruf des Geistes von oben, das Ego mit seinen selbstzerstörerischen Forderungen und Urteilen, die eigenen Ängste, und nicht zuletzt der Drang von Leidenschaft und Liebe auf das Objekt der Begierde hin. Der Kampf des Jungen richtet sich gegen alles, was ihn klein hält. Er hat am der Quelle des Geistes Erleuchtung gefunden.

Er könnte glücklich im Wald leben und die Welt sich selbst überlassen. Aber da sind auch die wilden Sexual- und Erdenergien des Eisenhans in ihm, die ihn zum Schloss der Prinzessin treiben. Obwohl er das Licht hat, braucht er eine Partnerin, braucht er eine geliebte Person aus Fleisch und Blut, um dieses Licht in einem Tanz der Liebe kreisen zu lassen. Dagegen gibt es aber starke Widerstände, so groß die Sehnsucht auch sein mag. Der geklemmte Finger wurde durch das hinkende Bein des Pferdes ersetzt. Es ist die Scham, die alle Menschen seit Adam und Eva für ihre Geschlechtlichkeit empfinden. Wie kann diese Scham überwunden werden? Die Geschichte wird es zeigen.

„Als der König wieder in sein Schloss kam, ging ihm seine Tochter entgegen und wünschte ihm Glück zu seinem Sieg. „Ich bin es nicht, der den Sieg davon getragen hat" sprach er „sondern ein fremder Ritter, der mir mit seiner Schaar zu Hilfe kam." Die Tochter wollte wissen wer der fremde Ritter wäre, aber der König wusste es nicht und sagte „er hat die Feinde verfolgt, und ich habe ihn nicht wieder gesehen." Sie erkundigte sich bei dem Gärtner nach seinem Jungen: der lachte aber und sprach „eben ist er auf seinem dreibeinigen Pferd heim gekommen, und die andern

haben gespottet und gerufen „da kommt unser Hunkepuus wieder an.“ Sie fragten auch „hinter welcher Hecke hast du derweil gelegen und geschlafen?“ Er sprach aber „ich habe das beste getan, und ohne mich wäre es schlecht gegangen.“ Da ward er noch mehr ausgelacht.“

Der Junge will noch nicht in der Mitte stehen und wirklich Verantwortung übernehmen. Er will andere Menschen führen, aber nur für eine kurze Episode, denn er glaubt zu mehr sei er nicht fähig. Er hat noch nicht verstanden, dass dies *sein* Traum ist. Er glaubt also immer noch, er könne sich verstecken. Aber niemand kann sich in der Welt verstecken, denn es gibt nur einen Geist, in dem wir alle wie Wellen schwimmen. Und dann ist da noch der Schöpfer, der jedes seiner Kinder kennt und es in seinem Koordinatensystem geortet hat. Dies mag schwer zu glauben und noch schwerer zu akzeptieren sein, wie auch ich mir am Beginn meiner Reise schwer vorstellen konnte, dass Gott alle Wesen sicher geortet hatte, und sich um sie kümmerte, soweit sie dies zulassen wollten. Aber dies hat sich als wahr herausgestellt. Der Empfang wirklicher Hilfe und Führung von oben wird nur durch Bereitschaft zur Nachfolge erkauft. Die Welt erhält die Illusion eines

Versteckspiels aufrecht, das nicht gewonnen werden kann. Der Junge muss mehr und mehr auf der Erde landen, reifen und erwachsen werden, um die Königstochter die für seine Geliebte, seine Seele und das All steht, zu erringen. Er geht den Weg der Alchimisten, den Weg der Umwandlung von Blei zu Gold. Dies alten Weisen brachten dies durch das tausendfach wiederholte Erhitzen und Abkühlen von bestimmten Substanzen zustande. Solche sich wiederholenden Prozesse sind heute noch wenig erforscht. Es soll dabei nach einer Theorie am Ende zu einer kalten Kernfusion gekommen sein, die Blei in Gold verwandelte. Dass sie möglich war, wurde zu oft von unterschiedlichster Seite bestätigt, um es in Abrede zu stellen. Die Mainstream-Wissenschaft lehnt dies noch immer ab. Diese Prozesse entziehen sich ihrer kalten Neugier, weil sie glaubt dem Geheimnis des Lebens mit dem Skalpell näher kommen zu können. Zwischen müssen die Physiker jedoch zugehen, dass der Beobachter immer Teil des Experiments ist und dass es keine unabhängige Außenwelt gibt.

Die Alchemie hängt vom Entwicklungsstand der Seele des Adepten ab und muss mit Liebe und Ehrfurcht ausgeführt werden. Die Astrophysik, die

Königin der heutigen Wissenschaft hat nur 3.5% der Materie des Universums identifiziert und verstanden, tut aber so als wären es 95%. Etwas mehr Demut wäre also angezeigt, wenn es darum geht, was möglich und was unmöglich ist. Alles ist möglich und nichts ist unmöglich.

„König sprach zu seiner Tochter „ich will ein großes Fest ansagen lassen, das drei Tage währen soll, und du sollst einen goldenen Apfel werfen: vielleicht kommt der unbekannte herbei." Als das Fest verkündigt war, ging der Jüngling hinaus zu dem Wald und rief den Eisenhans. „Was verlangst du?" fragte er. „Dass ich den goldenen Apfel der Königstochter fange." „Es ist so gut als hättest du ihn schon" sagte Eisenhans, „du sollst auch eine rote Rüstung dazu haben und auf einem stolzen Fuchs reiten." Als der Tag kam, sprengte der Jüngling heran, stellte sich unter die Ritter und ward von niemand erkannt. Die Königstochter trat hervor und warf den Rittern einen goldenen Apfel zu, aber keiner fing ihn als er allein, aber sobald er ihn hatte, jagte er davon.

Der Jüngling bekommt eine rote Rüstung. Die drei Farben Schwarz, Weiß und Rot symbolisieren die Phasen des alchimistischen Prozesses Schwärzung,

Weißung und Rötung zur Herstellung des Steins der Weisen, mit dessen Hilfe das Blei in Gold verwandelt werden sollte. Hier im Eisenhans werden diese Phasen seltsamerweise in umgekehrter Reihenfolge auf-geführt. Was soll das bedeuten? Es bedeutet, dass der Weg nach der ersten partiellen Erleuchtung zurück zur Erde führt. Ohne Erdung und Dienst ist jede spirituelle Erleuchtung bedeutungslos. Das erkannte auch der Buddha, als er das *Rad der Lehre* in Gang setzte und für weitere vierzig Jahre als Lehrer in Indien herumreiste, anstatt einfach ins Nirvana zu entfliehen, ohne eine Spur zu hinterlassen. Auch inkarnierte sich das Göttliche in Jesus um sichtbar und berührbar zu werden. Auf die gleiche Weise hinterlässt auch der Junge seine Spur in der Welt, ohne schon den Mut zu haben, dafür einzustehen. Um den Apfel fangen zu können, muss er mit beiden Beinen auf der Erde stehen.

Er muss den Prozess der inneren Integration abschließen, bevor er bereit für eine wahre Beziehung ist. Das bedeutet, dass spirituelle Erleuchtung nicht das Ende, sondern der Anfang eines Prozesses der Integration ist, die eigentlich nie abgeschlossen ist. Viele Gurus und erleuchtete Lehrer sind in ihrem Anspruch gescheitert, ethisch hochstehende Wesen zu sein. Die Versuchung des Machtmissbrauchs gegenüber abhängigen Schülern, ist zu groß. Nur wenige sind Jesus nahe gekommen, wie Neem Karoli Baba, Babaji, Ramana Maharschi und die kleine Therese. Heiligkeit ist ein täglicher Kampf gegen die inneren Dämonen.

„Am zweiten Tag hatte ihn Eisenhans als weißen Ritter ausgerüstet und ihm einen Schimmel gegeben. Abermals fing er allein den Apfel und jagte damit fort. Der König ward bös und sprach „das ist nicht erlaubt, er muss vor mir erscheinen und seinen Namen nennen.“ Er gab den Befehl, wenn der Ritter, der den Apfel gefangen habe, nicht Stand hielt, so sollte man ihm nachsetzen und wenn er nicht gutwillig zurück kehrte, auf ihn hauen und stechen.

Nun wird es eng für den Jungen. Lange kann er sich nicht mehr verstecken. Die Farbe Weiß bedeutet hier, dass er keine Farbe bekennt, dass er in seiner Blässe nicht hervortritt. Wir alle drücken uns davor Farbe zu bekennen. Denn das heißt auch schuldig zu werden. Solange man keine Entscheidung trifft, kann man der Schuld scheinbar entrinnen. Man bewegt sich so wenig wie möglich, um nicht aufzufallen und hofft, dass der Tod die letztendliche Entscheidung für das Leben und Gott überflüssig macht. So denken viele. Aber es gibt keinen Tod. Wir haben nur *ein* Leben und das endet nicht. Nur die Traumsequenzen, die wir Leben nennen, kommen und gehen. Aber *uns* werden wir nie wieder los. Nur eine richtige Entscheidung kann uns von unserer selbstauferlegten Gefangen-schaft befreien.

„Am dritten Tag erhielt er vom Eisenhans eine schwarze Rüstung und einen Rappen und fing auch wieder den Apfel. Als er aber damit fortjagte, verfolgten ihn die Leute des Königs und einer kam ihm so nahe dass er mit der Spitze des Schwerts ihm das Bein verwundete. Er entkam ihnen jedoch, aber sein Pferd sprang so gewaltig dass der Helm ihm vom Kopf fiel, und sie konnten sehen dass er goldene Haare hatte. Sie ritten zurück und meldeten dem König alles.“

Der Junge entkam zwar noch einmal. Aber als schwarzer Ritter, jemand der sich verbrannt hat, ist er leicht auszumachen. Sein goldenes Haar ist gesichtet worden. Nun braucht es nicht mehr lange, bis sie ihn haben, denn sein inneres Licht ist der schon Königstochter bekannt. Wer sich so weit vorgewagt hat, kann nicht mehr zurück und wird entdeckt werden. Er kann nur weiter vorpreschen, denn am Ziel wird alle Angst überwunden sein und es wird wieder leicht werden.

„Am andern Tag fragte die Königstochter den Gärtner nach seinem Jungen. „Er arbeitet im Garten: der wunderliche Kautz ist auch bei dem Fest gewesen und erst gestern Abend wieder gekommen; er hat auch meinen Kindern drei goldene Äpfel gezeigt, die er gewonnen hat." Der König ließ ihn vor sich fordern, und er erschien und hatte wieder sein Hütchen auf dem Kopf. Aber die Königstochter ging auf ihn zu und nahm es ihm ab, und da fielen seine goldenen Haare über die Schultern, und er war so schön, dass alle erstaunten. „Bist du der Ritter gewesen, der jeden Tag zu dem Fest gekommen ist, immer in einer andern Farbe, und der die drei goldenen Äpfel gefangen hat?" fragte der König. „Ja" antwortete er, „und da sind die Äpfel", holte sie aus seiner Tasche und reichte sie dem König. „Wenn ihr noch mehr Beweise verlangt, so könnt ihr die Wunde sehen, die mir eure Leute geschlagen haben, als sie mich verfolgten. Aber ich bin auch der Ritter, der euch zum Sieg über die Feinde geholfen hat." „Wenn du solche Taten verrichten

kannst, so bist du kein Gärtnerjunge: sage mir, wer ist dein Vater?" „Mein Vater ist ein mächtiger König, und Goldes habe ich die Fülle und so viel ich nur verlange." „Ich sehe wohl", sprach der König, „ich bin dir Dank schuldig, kann ich dir etwas zu Gefallen tun?"

Nun ist die Zeit der Ernte gekommen. Alles was der Junge bisher erreicht hat, war wohlgetan, auch wenn er einige Blessuren davongetragen hat. Nun kann er endlich sagen, was er will. Alle hören ihm zu, denn sie wissen, dass sie ihm all das geben müssen, das er einfordert. Er ist derjenige, auf den sie gewartet haben. Selbst heute sehen viele die Nachrichten sieht, mit der unbewussten Hoffnung, dass endlich jemand auftaucht, der alles zum Guten wendet. Und diese Hoffnung wird jedes Mal enttäuscht werden, solange wir nicht selbst die Veränderung sind, auf die wir warten. Genau deshalb werden die Wissenschaftler vergeblich nach den fehlenden 96,5% der Materie des Universums suchen, solange sie sich nicht selbst in die Suche mit einschließen. Das was fehlt, ist ihre eigene Seele.

Erlösung

„Ja" antwortete er, „das könnt ihr wohl, gebt mir eure
Tochter zur Frau." Da lachte die Jungfrau und sprach
„der macht keine Umstände. Ich habe es schon an
seinen goldenen Haaren gesehen dass er kein
Gärtnerjunge ist:" ging dann hin und küsste ihn. Zu
der Vermählung kam sein Vater und seine Mutter und
waren in großer Freude, denn sie hatten schon alle
Hoffnung aufgegeben ihren lieben Sohn wieder zu
sehen. Und als sie an der Hochzeitstafel saßen, da
schwieg auf einmal die Musik, die Türen Gingen auf
und ein stolzer König trat herein mit großem Gefolge.
Er ging auf den Jüngling zu, umarmte ihn und sprach
„ich bin der Eisenhans, und war in einen wilden Mann
verwünscht, aber du hast mich erlöst. Alle Schätze, die
ich besitze, die sollen dein Eigentum sein."

Der Junge bittet um alles und bekommt alles. Er hat aufgehört, etwas Besonderes sein zu wollen, denn er nimmt seinen Platz als Königssohn wieder ein, der uns allen gebührt. Denn wir sind Kinder der Götter, wie Jesus sagt. Am Ende kommen die Eltern des Jungen und selbst der Eisenhans ist erlöst. *Erlösung dem Erlöser*, heißt es bei Wagner. Ende gut alles gut! Wie hat er die Erlösung erreicht? Er ist der inneren Stimme gefolgt. Diese innere Stimme ist immer da. Wir müssen uns nur entscheiden sie zu hören. Zuerst müssen wir erkennen, dass wir einen Autoritätskonflikt mit unserer inneren Quelle haben. Wir wollen sie von uns fernhalten, weil wir glauben, dass unsere Freiheit in unserer Unabhängigkeit läge. Aber wenn wir uns auf den Weg zur Erlösung machen haben wir genug von unserer eigenen Art zu leben. Wir erkennen, dass wir diese Quelle brauchen. Letztendlich ist der Teil von uns, den wir uns so sehnlichst zurück gewünscht haben, ein Teil von Gott selbst.

Der der Weg fing damit an, dass wir uns die blinden Flecke in unserem Geiste anschauten. Wir stehen in der Beobachtung unseres Geistes, und bewegen uns nicht fort, wie es der Junge getan hat, als er den Brunnen bewachte. Das tun wir solange, bis unser

Haupt vergoldet ist. Diese Praxis wird auch Vergebung genannt. Sie bedeutet, dass wir Verantwortung für alle Dinge, die wir sehen übernehmen, weil dies unser Traum ist. Aber das reicht noch nicht. Wir lassen all das was wir außen sehen, zu uns zurückkommen. Und wir atmen in unser Herz und fragen uns „Wer bin ich?". Die Antwort, ein inneres Wissen, ist wirkliche Erkenntnis. Davon handelt diese Geschichte. Die Erkenntnis unserer selbst, das ist die Gnosis, von der die Alten sprachen. Der Junge beobachtet den Geist, erkennt sich als die Ursache der Welt von Raum und Zeit und geht dann in die Welt zurück, um seinen Auftrag zu erfüllen. Das heißt, dass wir das tun, worum die innere Stimme uns bittet. Unser Licht wird sich dann ausdehnen und die Weisheit anziehen. Diese Weisheit wird uns in den Kampf rufen. Das bedeutet, dass wir für die Wahrheit einstehen müssen. Wenn wir unseren eigenen Schatten, also unsere innere Lieblosigkeit, unsere Feigheit und unseren Egoismus besiegt haben, können wir endlich zur Hochzeit eingehen. Die Hochzeit mit der Prinzessin bedeutet Erlösung. Dann erkennen wir endlich, wer wir wirklich sind. Wir sind der Geist, indem sich das Drama des

Traumes in Raum und Zeit abspielt. Wir sind die Welt, die wir sehen und wir sind Gott, der dies träumt. Wir sind auch die Liebe, die zurückkehrt, im Buddhismus Bodhisattva genannt, bis auch der letzte Eisenhans aus der Gefangenschaft des Waldes der Welt befreit wurde.

Zum Schluss noch ein Angebot....

✦ Nach einem Wandel in deinem Leben darfst du wieder zu dir selbst kommen.

✦ Umarme dein inneres Kind, verstehe es, und führe es zurück zu seiner wahren Sehnsucht, die bereits in der Tiefe erfüllt ist. ✦ Dann wird es zu deinen Verbündeten.

✦ So holst du dir deine Ganzheit, Kraft und Leuchtkraft zurück.

✦ Lerne die eigene Tiefe als deinen Verbündeten kennen und als die Quelle mütterlicher Liebe

☞ Melde dich für ein kostenloses Webinar an oder buche gleich ein Coaching:
stellaazul@gmail.com/peterbernhard.net

☞ *Komm zu einem freien Meeting oder direkt zum Coaching:*
Peterbernhard.net oder stellaazul@gmail.com.

✦ Hole dir diese Video-Kurse um dein Leben zu verbessern:
https://peterbernhard.net/tarot-kurs-bereit-fuer-die-liebe-teil-1/ (5€)

https://peterbernhard.wordpress.com/diese-12-engel-werden-dein-leben-verandern/ (3€)

Meine Bücher in Amazon:

https://peterbernhard.wordpress.com/bucher-der-transformation-von-peter-bernhard/

Folge mir in Instagram:
https://www.instagram.com/ahnenfrieden.seelenschamane/

Meine Bücher in Amazon:
https://peterbernhard.wordpress.com/bucher-der- transformation-von-peter-bernhard/
Das Jesusgebet, *der Weg zum inneren Frieden:*
https://shorturl.at/bIWX2
*„***Das Thomas-Evangelium***" mit Kommentaren, eine Schrift des Erwachens für Christen und Sucher mit Antworten, die unserem Geist neue Horizonte eröffnen und unser Bild von Jesus verändern.*
https://rb.gy/yvweia
*„***Werde du Selbst mit Hoòponopono!***: Ein Kurs in Selbstbefreiung und Glücklichsein aus Hawaii, erschaffen Sie mit einer Heilungsmethode aus Hawaii ein neues Leben, frei von den Schatten der Vergangenheit!*
https://rb.gy/vxa2mz
Der Spirituelle Pfad Jesu: *Sich in das Leben fallen lassen: In diesem Buch führt uns der Autor durch das ursprünglich von Jesus selbst konzipierte Programm der inneren Transformation, so wie es aus biblischen und außerbiblischen Schriften klar hervorleuchtet.*
https://rb.gy/m4msav
*„***Christsein in der Matrix***" Besser leben in einer unwirklicher werdenden Welt. Orientierung und Glaubenssicherheit in unsicheren Zeiten,*
https://rb.gy/a9fzev

Werde wieder lebendig mit der Kabbala!: Sieben Pforten zum wahren Selbst mit dem Tarot,Ein Übungsbuch
https://tinyurl.com/mtw8arwx
Keltische Bibel-Meditationen Gespräche mit irischen Meistern, Wie interpretieren keltische Christen von heute die Botschaften der Evangelien?
https://rb.gy/lfh6cc

„**Wir leben alle in Gott, Die verborgene Botschaft des Johannesevangeliums**" Die Welt wartet auf eine Wiedergeburt des Christentums.
https://rb.gy/bxsco0
„**Parzival - Ein Traum von Erlösung, Ein Übungs- und Meditationsbuch**" Wir brauchen uns nicht mehr allein und verloren zu fühlen, sondern erkennen, dass andere diesen Weg vor uns gingen und ihn für uns öffneten.
„**Der Weite Westen, Begegnungen mit Crazy Horse und anderen**", eine Reise zu den Sioux in South Dakota, Begegnungen mit Erinnerungen, Lebenden und Geistern
„**Die Katharer**" Begegnungen, Liebe und Abenteuer in den Bergen Kataloniens, überraschende Einsichten mit einer gnostischen Gemeinschaft von heute.